Humphrey Bogart

Reihe Film 8

Mit Beiträgen von
Hans C. Blumenberg
Peter Bogdanovich
Truman Capote
François Truffaut
Charles Bukowski
Yaak Karsunke
Urs Widmer
Hans Helmut Prinzler

Carl Hanser Verlag

Die Reihe Film wird herausgegeben
in Zusammenarbeit mit der
Stiftung Deutsche Kinemathek
von Peter W. Jansen und Wolfram Schütte

Dieser Band entstand mit Unterstützung
des Kommunalen Kinos Frankfurt am Main

Redaktionsschluß 31. Januar 1976

Reihe Hanser 209
ISBN 3-446-12203-6
2. Auflage 1978

Ausstattung: Heinz Edelmann
Reproduktionen: Wartelsteiner, Garching
Satz: Appl, Wemding
Druck + Bindung: Ebner, Ulm
Printed in Germany

14,80

Reihe Hanser 209
Reihe Film 8 · Humphrey Bogart

Die Reihe Film stellt das Werk von Regisseuren, bestimmte Genres oder andere übergreifende Themen des internationalen Films in Monografien vor. Dabei werden die einzelnen Bände unter wechselnden Perspektiven und verschiedenen Aspekten erarbeitet. Eine umfangreiche Filmobibliografie gehört zu jedem Band. Humphrey Bogart (1899–1957) zählt zusammen mit James Cagney (geboren 1904) und Edward G. Robinson (1893–1974) zu den großen Darstellern, vor allem von Gangstern, des »klassischen« Hollywood. Aber nur er wurde schon zu Lebzeiten Gegenstand einer kultischen Verehrung, die in den fast zwanzig Jahren seit seinem Tod eher zu- als abgenommen hat. Obwohl seine Rollen in den mehr als siebzig Filmen (z.B. »Casablanca« und »Die Caine war ihr Schicksal«) seit 1930 durchaus verschieden waren, bilden sie doch zusammen das geradezu mythische Bild dieses wahren Helden der »Schwarzen Serie«. Ob als Gangster oder Privatdetektiv, als entflohener Sträfling oder Abenteurer, als Bootskapitän oder Barbesitzer: der bogartsche Held ist, von pessimistischen Lebenserfahrungen gezeichnet, ein zynischer Charakter, zwielichtig und einsam, der seine Integrität und seine Ehre – obgleich meist unterliegend oder verzichtend – dennoch gegen eine korrupte Welt verteidigt. – Diese erste deutsche Monografie sammelt, neben einer Lebens- und Karrieregeschichte und einer kompletten Filmografie aller Filme, in denen Bogart mitspielte, Stimmen und Zeugnisse zum fortdauernden Bogart-Mythos, der reflektiert und untersucht wird.

Die Autoren

Hans C. Blumenberg, geb. 1947 in Lychen. Lebt nach Studium der Geschichte und Germanistik in Köln. Seit 1966 Filmkritiker, 1971/72 Feuilleton-Redakteur des »Kölner Stadtanzeigers«, regelmäßiger fester Mitarbeiter der »Zeit«. Autor und Regisseur von 15 Fernsehdokumentationen und von drei Jugend-Sachbüchern (u.a. »Film positiv«, 1968)

Peter Bogdanovich, geb. 1942 in Kingston/N.Y. Filmkritiker (seit 1959), Publikationen u.a. »John Ford«, »Fritz Lang in America«; Zusammenarbeit mit Roger Cormann; erste Filme: »Targets« (1968), »The Last Picture Show« (1971) usf.

Charles Bukowski, geb. 1920 in Andernach. Seit dem zweiten Lebensjahr in Los Angeles; Lyriker, Herausgeber, Underground-Kolumnist, Roman: »Post Office«, 1971 (dt. »Der Mann mit der Ledertasche«, Köln 1974).

Truman Capote, geb. 1924 in New Orleans. Romancier (»The Grass Harp«, 1951), Erzähler (»A Tree of Night«, 1945); der Tatsachenbericht »In Cold Blood« (1965) wurde verfilmt von Richard Brooks (1968).

Yaak Karsunke, geb. 1934 in Berlin. Drei Semester Jura-Studium; zwei Jahre Schauspielschule; sieben Jahre Hilfs- und Gelegenheitsarbeiter; 1965 Mitbegründer und bis 1968 Chefredakteur der Zeitschrift »kürbiskern«, seit 1969 freiberuflicher Literaturproduzent (Gedichte, Hörspiele, Theaterstücke).

Hans Helmut Prinzler, geb. 1938 in Berlin. Studium der Publizistik und Theaterwissenschaft; seit 1969 Studienleiter an der Deutschen Film- und Fernsehakademie Berlin; »Über das Kinomachen« (1972), »Kinobuch 74/75« (1975).

François Truffaut, geb. 1932 in Paris. Regisseur, früher Filmkritiker. Gehört mit Godard, Rivette und Chabrol zu den Begründern der Nouvelle Vague. Im Carl Hanser Verlag erschien 1973 sein Buch »Mr. Hitchcock, wie haben Sie das gemacht?«; in Vorbereitung ist die Veröffentlichung seiner Essaysammlung »Les Films de ma Vie«, 1975. Band 1 der Reihe Film ist ihm gewidmet (2. Auflage 1975).

Urs Widmer, geb. 1938 in Basel. Lebt in Frankfurt/M. Veröffentlichungen: »Alois« (Erzählung); »Die Amsel im Regen im Garten« (Erzählung); »Das Normale und die Sehnsucht« (Essays und Geschichten); »Die lange Nacht der Detektive« (Kriminalstück); »Die Forschungsreise« (Ein Abenteuerroman); »Schweizer Geschichten«. Hörspiele, Essays, Übersetzungen.

Inhalt

Rise and Fall

Von Hans C. Blumenberg

Anläufe

Als Humphrey DeForest Bogart 1929 zum erstenmal nach Hollywood kam, sah es keineswegs so aus, als habe der mäßig erfolgreiche New Yorker Theater-Schauspieler eine große Chance beim Film. Gewiß, Bogart sah gut aus, er hatte eine siebenjährige Karriere als eleganter Salonlöwe in längst vergessenen Boulevard-Dramen hinter sich und wußte mit Tennisschlägern ebenso graziös zu hantieren wie mit goldenen Zigaretten-Dosen. Er war ein reichlich geschniegelter, geckenhaft posierender Bühnen-Beau, adrett im Smoking, selten ohne Nelke im Knopfloch, kokett grimassierend, die Haare ölig pomadisiert. Ein Kritiker hatte ihn 1925 immerhin als »so jung und gutaussehend wie Valentino« beschrieben.

Im Hollywood jener Jahre gab es freilich einen beachtlichen Überfluß an hübschen jungen Männern. 1929 hatte sich der Tonfilm endgültig durchgesetzt, und viele Stars der Stummfilm-Zeit mußten sich praktisch über Nacht zur Ruhe setzen, weil es ihnen an schöner Stimme und brauchbarer Sprachtechnik fehlte: Man erinnere sich an *Singin' in the Rain.* Die Studios suchten verzweifelt nach talentiertem Nachwuchs, und der wurde natürlich in erster Linie vom New Yorker Broadway importiert. Auf diese Weise kamen Spencer Tracy, James Cagney und eben auch Bogart nach Kalifornien.

Bogart bekam einen Vertrag bei der Fox, der er immerhin 750 Dollar pro Woche wert war. Andererseits wußte das Studio nicht recht, was es mit Bogart anfangen sollte. Ursprünglich war er für die Hauptrolle in *The Man Who Came Back* vorgesehen, aber dann bekam den Part doch der bereits prominente Filmschauspieler Charles Farrell. Stattdessen machte Bogart sein Spielfilm-Debut in A DEVIL WITH WOMEN, einer von Irving Cummings inszenierten Abenteuer-Komödie mit Victor McLaglen und Mona Maris. Schauplatz ist eine zentralamerikanische Bananenrepublik, Bogart spielt einen reichen jungen Mann, der schließlich die Gunst von Miss Maris gewinnt.

»Mr. Bogart ist sowohl gutaussehend als auch intelligent«, befand der Kritiker der »New York Times« über die Leistung des Neulings, der zuvor schon in einem in New York gedrehten Kurzfilm mit dem Titel BROADWAY'S LIKE THAT aufgetreten war. In seinem nächsten Film bekam es Bogart zum erstenmal mit einem bedeutenden Regisseur zu tun: John Ford inszenierte UP THE RIVER (1930) für die Fox, eine weithin unbekannte Zuchthaus-Komödie, die Ford selbst im Gespräch mit Peter Bogdanovich »a very funny picture – for those days«[1] nannte. Bogart spielt einen sanften, wegen fahrlässiger Tötung verurteilten jungen Mann aus noblen Verhältnissen, den die Profis Spencer Tracy und Warren Hymer gutmütig unter ihre Fittiche nehmen.

UP THE RIVER war der erste Film von Spencer Tracy, und zwischen den beiden Männern entwickelte sich eine langjährige Freundschaft. Eine Zusammenarbeit kam freilich nie wieder zustande: Tracy sollte zwar ursprünglich die Fredric-March-Rolle in THE DESPERATE HOURS (An einem Tag wie jeder andere, 1955) spielen, aber dieser Plan scheiterte an der in Hollywood außerordentlich ernst genommenen Frage, welcher der beiden Stars an erster Stelle in der Reklame für den Film (»Top Billing«) genannt würde.

Mit Ford kam Bogart überhaupt nicht zurecht. Der Anfänger aus dem Osten nannte den bereits etablierten Regisseur von *The Iron Horse* und *Men Without Women* allzu vertraulich Jack, ein Privileg, das allein Fords engsten Freunden vorbehalten war. Für den autokratischen Regisseur blieb der leichtlebige Nachwuchs-Schauspieler stets »Mister Bogart«, auch wenn sich Fords Zorn über den mangelnden Respekt später legte: Bogdanovich gegenüber lobte er sowohl Tracy als auch Bogart[2].

Bis Ende 1931 drehte Bogart vier weitere Filme in Hollywood. Die Fox ließ ihn einen Piloten in Alfred Santells BODY AND SOUL spielen und lieh ihn dann an Carl Laemmles Universal für die Rolle eines eleganten Betrügers in Hobart Henleys BAD SISTER aus, dem ersten Film von Bette Davis. Wieder bei der Fox, war er ein Marine-Infantrist in Raoul Walshs Militärkomödie WOMEN OF ALL NATIONS und ein eifersüchtiger Ranch-Vorarbeiter in dem Western A HOLY TERROR von Irving Cummings.

Zumal der letztgenannte Film, in dem er grotesk fehlbesetzt war, überzeugte Bogart, daß es besser sei, nach New York

It All Came True

zurückzukehren und wiederum sein Glück am Broadway zu versuchen. Bei der Fox weinte ihm niemand eine Träne nach, denn die Versuche des Studios, ihm ein stabiles Image zu verschaffen, waren allesamt kläglich gescheitert. Weder als schmucker Krieger noch als kultivierter Schwindler hinterließ er einen prägenden Eindruck, und als Western-Heavy mit Cowboy-Hut und Halstuch wirkte er besonders unglücklich.
Doch schon 1932 versuchte Bogart einen zweiten Anlauf, der freilich kaum erfolgreicher ausging als der erste. Columbia nahm ihn für sechs Monate unter Vertrag und gab ihm die männliche Hauptrolle in Thornton Freelands LOVE AFFAIR, einem melodramatischen B-Picture über die komplizierte Romanze zwischen einer reichen Erbin (Dorothy Mackaill) und ihrem Fluglehrer (Bogart). Aber auch LOVE AFFAIR beeindruckte niemanden, und Bogart mußte wie zuvor wieder Nebenrollen spielen: In BIG CITY BLUES von Mervyn LeRoy, seinem ersten Film für Warner Brothers, steht er an zehnter Stelle im Vorspann, in THREE ON A MATCH vom gleichen Regisseur ist er die Nummer sechs auf der Besetzungsliste. In THREE ON A MATCH spielte er zum erstenmal einen richtigen Gangster, doch seine Rolle als »The Mug«, der einen kleinen Jungen kidnappen soll, ist so klein und stereotyp, daß Bogart völlig untergeht.
Damit schien Bogarts Niederlage in Hollywood besiegelt. Wiederum fuhr er nach New York zurück, entschlossen, die Demütigungen zu vergessen und nur noch Theater zu spielen. 1934 übernahm er einen winzigen Gangster-Part in Chester Erskines in New York gedrehtem Film MIDNIGHT, aber sonst widmete er sich ausschließlich seiner Bühnen-Karriere, die allerdings auch in eine Phase der Stagnation geriet. Bogart war Mitte dreißig und zeigte sich immer noch als adretter Party-Typ, als gepflegter Society-Schurke, als »öliges Insekt«, wie ein New Yorker Kritiker seine Rolle in dem Stück *Chrysalis* maliziös beschrieb[3].
Ende 1934 ergab sich eine unvermutete Chance, einer jener glorreichen Zufälle, von denen es in Bogarts Karriere eine ganze Menge gibt. In Robert E. Sherwoods neuem Stück *The Petrified Forest* sollte er einen ehemaligen Football-Spieler darstellen, der ebenso hartnäckig wie erfolglos der romantischen Heroine nachstellt, die sich hoffnungslos in einen vagabundierenden Intellektuellen verliebt.
Als Bogart zu einer ersten Vorbesprechung mit dem Regisseur

Arthur Hopkins und Sherwood erschien, ließ ihn Hopkins aus einer Laune heraus den Part des Gangsters Duke Mantee lesen, der mit seiner Bande auf der Flucht vor der Polizei in das fragile Idyll irgendwo in der Wüste von Arizona einbricht. Weder Sherwood noch Bogart glaubten zunächst, der zum ewigen Salon-Löwen abgestempelte Schauspieler könnte glaubwürdig einen rohen Killer spielen, aber schließlich ließ sich Bogart doch überreden, den Ausbruch aus seinem erprobten Rollenfach zu vollziehen.

Die Premiere von *The Petrified Forest* fand am 7. Januar 1935 im New Yorker Broadhurst-Theater statt. Den todessehnsüchtigen Poeten Alan Squier spielte der englische Star Leslie Howard, die verträumte Kellnerin Gabrielle wurde von Peggy Conklin dargestellt. Doch den stärksten Eindruck hinterließ Bogart in der Rolle des stoppelbärtigen Desperados Duke Mantee. New Yorks mächtigster Kritiker Brooks Atkinson schrieb: »Humphrey Bogart does the best work of his career as the motorized guerilla[4].«

The Petrified Forest brachte es auf 194 Vorstellungen am Broadway, was Warner Brothers in Hollywood dazu veranlaßte, sich die Filmrechte zu sichern. Auch in der Kino-Version sollte Leslie Howard die Hauptrolle spielen, aber statt Bogart, der ja immerhin schon zwei erfolglose Filme bei Warners hinter sich hatte, wollte das Studio seinen etablierten Star Edward G. Robinson als Duke Mantee einsetzen. Erst als Leslie Howard sich weigerte, den Film ohne Bogart zu drehen, gab Jack L. Warner nach. Aus Dankbarkeit für Howards Standfestigkeit gab Bogart seiner 1952 geborenen Tochter aus der Ehe mit Laureen Bacall den Vornamen Leslie Howard.

Exkurs über das Studiosystem (Warner Brothers)

THE PETRIFIED FOREST, 1935 von Archie Mayo inszeniert, ist aus heutiger Sicht ein verzweifelt schlechter Film, aber für Bogart bedeutete er den Durchbruch als Filmschauspieler. Zum erstenmal konnte er jene magnetische Präsenz ausstrahlen, die Raymond Chandler später mit dem denkwürdigen Satz charakterisierte: »All Bogart has to do to dominate a scene is to enter it.«

Diese Bemerkung trifft zumal auf THE PETRIFIED FOREST zu, eine überaus prätentiöse, symbolistisch überfrachtete Affäre voller

The Petrified Forest

pseudotiefsinniger Dialoge zwischen Leslie Howard und Bette Davis in der Rolle der Kellnerin, die es aus der kulturlosen Wüste in die französische Heimat ihrer Mutter drängt. Die erste halbe Stunde des Films zieht sich endlos hin. Und dann tritt Humphrey Bogart alias Duke Mantee auf: ein müder Gangster mit rüden Manieren (zu Davis: »Give me a cigar, will you, sister«), düsterer Miene und grenzenloser Verachtung für die bürgerlichen Ängste seiner Gefangenen.

Da sitzt er, etwas erhöht auf einem Podest, lässig ein Gewehr im Schoß, zynisch auf glückliche Tage trinkend und doch aufgebracht, als der elitäre Poet einen alten Mann beleidigt: ein zum Untergang verurteilter Outlaw, unsentimental bis zum Ende, der, wie Sherwood es allzu überdeutlich Leslie Howard sagen läßt, »last great apostle of rugged individualism«.

Bogart beherrscht den Film in jeder seiner Szenen, aber auch seine Rolle leidet unter dem theatralisch gestelzten Stil der Inszenierung. Sein Duke Mantee sieht fast so aus wie eine perfekte Parodie auf klassische Bogart-Rollen: die Aura der Einsamkeit wirkt eine Spur überzogen, Gestik und Mimik sind manieristisch übertrieben. Man merkt, daß Bogart diese Rolle auch auf der Bühne gespielt hat.

Aber dennoch: die physische Faszination ist da, rettet ein mediokres Opus vor totaler Sterilität. Auch bei Warner Brothers merkte man nun, daß Bogart vielleicht doch nicht so schlecht war, und gab ihm einen Vertrag.

Das Studio der Brüder Warner war in jenen Jahren eine perfekt funktionierende Fabrik, die Filme in Fließband-Arbeit produzierte. Allein 1936, dem Premierenjahr von THE PETRIFIED FOREST, brachten die Warner Brothers sechzig Filme heraus, darunter teure Prestige-Produktionen wie William Dieterles biographisches Epos *The Story of Louis Pasteur* mit Paul Muni, Mervyn LeRoys *Anthony Adverse* mit Fredric March und Olivia de Havilland und die Shakespeare-Adaption *A Midsummer Night's Dream* von Max Reinhardt und William Dieterle. Andere Titel aus der Warners-Produktion von 1936 sind typischer für den Stil des Studios: Frank McDonald inszenierte *The Murder of Dr. Harrigan, Boulder Dam, Treachery Rides the Range, The Big Noise, Love Begins at Twenty, Murder by an Aristocrat* und ISLE OF FURY, letzteren mit Humphrey Bogart.

William McGann drehte 1936: *Freshman Love, Brides are like that, Times Square Playboy,* TWO AGAINST THE WORLD (mit Bogart), *Hot Money, Polo Joe, The Case of the Black Cat.*

In einem ähnlich atemberaubenden Tempo – mindestens ein halbes Dutzend Filme pro Jahr – arbeiteten auch die anderen Vertrags-Regisseure der Warner Brothers, flinke Handwerker wie Nick Grinde, Ray Enright, Alfred E. Green und Archie Mayo. Nur wenige Auserwählte, darunter Michael Curtiz und Jack L. Warners Schwager Mervyn LeRoy, besaßen das Privileg, höchstens drei oder vier Filme pro Jahr inszenieren zu müssen.

»West Point, Sing Sing and San Quentin« nannte man damals ironisch das Studio der Brüder Harry, Albert und Jack L. Warner, deren Vater aus einem polnischen Flecken namens Kraznashiltz 1883 nach Amerika ausgewandert war. Wie die meisten Gründerväter der Industrie, Männer wie Samuel Goldwyn, Harry Cohn, Carl Laemmle, William Fox, Marcus Loew und Louis B. Mayer, hatte sich der Warner-Clan ebenso zäh wie skrupellos aus bescheidenen Verhältnissen hochgearbeitet. Den ersten bedeutenden Erfolg konnten die Brüder 1918 mit dem anti-deutschen Propaganda-Film *My Four Years in Germany* verbuchen, fünf Jahre später gründeten sie das Warner-Brothers-Studio. Bereits Mitte der Zwanziger Jahre schien es

mit den Warners wieder abwärts zu gehen, und nur ein glücklicher Zufall rettete die Gesellschaft: ausgerechnet die Warner-Brüder sicherten sich das erste brauchbare Tonfilm-Verfahren und errangen mit dem am 6. Oktober 1927 uraufgeführten *The Jazz Singer* einen sensationellen kommerziellen Erfolg, der die finanzielle Basis des Unternehmens nachhaltig festigte.
1929 verpflichtete das Studio Hollywoods damaligen »Boy Wonder« Darryl F. Zanuck als Produktionschef, der, ebenso wie der andere »Wunderknabe« Irving Thalberg bei MGM, den Filmen der Warner Brothers einen unverwechselbaren Stil gab. Während bei der MGM teure Salonstücke (*Grand Hotel,* 1932, von Edmund Goulding oder *Dinner at Eight,* 1933, von George Cukor) für den gehobenen Mittelstand produziert wurden, orientierten sich Zanuck und sein 1933 eingesetzter Nachfolger Hal B. Wallis an den aktuellen Schlagzeilen jener Jahre, warfen temporeiche Großstadt-Dramen über Gangster und Taxifahrer, korrupte Politiker und harte Karriere-Mädchen auf den Markt. Bei MGM dominierte der schöne Schein einer realitätsfernen Luxuswelt, geprägt durch Stars wie Greta Garbo, Norma Shearer, Jean Harlow, Clark Gable und Robert Taylor. Bei Warner traten »tough guys« wie Edward G. Robinson, James Cagney, George Raft und kaum weniger entschlossene Damen wie Bette Davis und Joan Blondell zum Existenzkampf im Dickicht der Städte an: ein Kino für die Unterschicht oder allenfalls für die untere Mittelschicht, ein professionell gehandhabtes Medium urbaner Ängste und Hoffnungen. Dazu gab es die extravaganten Musicals von Busby Berkeley *(Footlight Parade, Forty-second Street, The Golddiggers of 1933),* auch sie Filme über einen ewigen Existenzkampf nach dem Motto »The Show Must Go On«.
Strictly Modern hieß ein 1930 gedrehter Warner-Film von Alfred A. Seiter, und an diese Devise hielt sich das Studio, das besonders im zeitnahen Gangsterfilm ein dankbares Betätigungsfeld fand. Archie Mayos *Doorway to Hell* mit Lew Ayres und James Cagney machte 1930 den Anfang, wenige Monate später von Mervyn LeRoys *Little Caesar* mit Edward G. Robinson gefolgt und überholt. *Little Caesar,* Robinsons zweiter Film bei den Warner Brothers, katapultierte ihn mit der Rolle des Gangsters Rico zum Starruhm. 1931 kam dann William Wellmans *The Public Enemy* mit James Cagney, dem anderen großen Warner-Brothers-Gangster der Dreißiger Jahre.

Strictly Modern: Mervyn LeRoys *Five Star Final* (1931) mit Robinson handelte von einer korrupten Sensationspresse, des gleichen Regisseurs *I am a Fugitive from a Chain Gang* (1932) mit Paul Muni prangerte das unmenschliche Los von Kettensträflingen an, *Taxi* (1932) von Roy Del Ruth mit James Cagney war die Geschichte einer blutigen Fehde unter Taxi-Fahrern, *Black Fury* (1935) von Michael Curtiz mit Muni beschrieb einen Bergarbeiter-Streik, Archie Mayos BLACK LEGION (1936) mit Humphrey Bogart warnte vor chauvinistischen Geheimbünden.

Progressive politische Inhalte transportierten diese Beispiele eines wachen Schlagzeilen-Kinos freilich nie. Stets geht es nur darum, daß der falsche Mann zur falschen Zeit den falschen Job hat. Wenn der »Heavy« erst einmal beseitigt ist, funktioniert auch das System wieder. Die Filme der Warner Brothers reflektieren naiv den Optimismus des Rooseveltschen New Deal, und Studio-Boss Jack L. Warner durfte sich denn auch der besonderen Gunst des Präsidenten rühmen[5], während der stockkonservative MGM-Chef Louis B. Mayer seinen Angestellten ausdrücklich verbot, für Roosevelt einzutreten, und stattdessen lieber die Nähe des reaktionären Zeitungszaren William Randolph Hearst suchte. Warner wiederum zögerte nicht, seinen politischen Glaubensbekenntnissen zum Trotz, Hearsts Freundin Marion Davies nach einem Streit mit der MGM selbst unter Vertrag zu nehmen und so seinerseits auch die Gunst des mächtigen Presse-Tycoons zu genießen.

»West Point, Sing Sing and San Quentin«: die Namen der berühmten Militärakademie und der beiden bekanntesten Zuchthäuser der USA standen symbolhaft für das patriotische Engagement des Studios und für seine eher spektakulär-kriminalistischen Vorlieben. »Combining good citizenship with good entertainment« war der stolze Wahlspruch Jack L. Warners, und noch das billigste Fließband-Gangsterstück endete stets mit ausführlichen moralischen Belehrungen.

Etliche Zeitgenossen, die mit Warner Brothers zu tun hatten, bezeugten später, daß Jack L. Warner nicht nur Filme produzieren ließ, die im Zuchthaus spielten, sondern auch sein Studio mit der eisernen Hand eines Diktators regierte[6]. Die Schauspieler bekamen Sieben-Jahres-Verträge und mußten jede Rolle spielen, die ihnen das Studio zuwies. Ohne Rücksicht auf künstlerische Empfindsamkeiten wurden selbst etablierte Stars wie die »Oscar«-Preisträgerin Bette Davis durch eine Tour-de-Force rasch und roh zusammengezimmerter »programmers« gehetzt. Jede einigermaßen interessante oder ungewöhnliche Rolle mußte mühsam erkämpft werden. Das Studio verfügte über ein Instrumentarium disziplinarischer Maßnahmen, um eine Rebellion wirksam zu unterdrücken. Wer eine zugeteilte Rolle partout nicht spielen wollte, wurde vom Studio auf »suspension« gesetzt. Die regelmäßigen Gagen der zwangsweise suspendierten Darsteller wurden kurzerhand einbehalten, und weil die Rebellen laut Vertrag für keine andere Firma arbeiten durften, bekamen sie so lange kein Geld mehr, bis sie klein beigaben. Diese Aushungerungs-Taktik erwies sich bis Ende der Vierziger Jahre als außerordentlich wirksam. Erst als die Allmacht der marktbeherrschenden Major Studios durch das Entflechtungsurteil des Supreme Court von 1946 und die sich wandelnden Freizeit-Gewohnheiten der Nachkriegszeit allmählich zerbröckelte, setzten sich immer mehr Schauspieler durch die Gründung eigener Produktionsfirmen erfolgreich zur Wehr. Mitte der Dreißiger Jahre dagegen, auf dem Höhepunkt des klassischen Studio-Systems, war die »suspension« eine fast unschlagbare Waffe, und selbst Bette Davis, die unbestrittene »queen of the lot«, handelte sich etliche Aussperrungen ein, bis sie sich mit Warner immer wieder irgendwie zusammenraufte.[7]

Die erste Karriere

Humphrey DeForest Bogart, den seine Freunde in Hollywood »Bogey« nannten, war kein Rebell. Die harten Jahre am Broadway hatten ihn eine Art von Professionalität gelehrt, die in erster Linie durch geduldiges Warten auf eine Chance definiert war. Wie ein hochklassiger Boxer, dem die Kämpfe mit minderwertigen Gegnern eigentlich lästig sind, der aber keine andere Möglichkeit sieht, endlich doch den Titel zu gewinnen, schlug sich Bogart von 1936 bis 1941 durch 29 Warner-Brothers-Filme, von denen die meisten zu Recht längst vergessen sind. Edward G. Robinson, der Star von vier dieser 29 Filme, erinnerte sich später: »Man wußte nie, ob er diese Gangster-Rollen besonders mochte . . . You had the feeling he was just doing a job in his earlier days.«[8]

Two Against the World

In THE PETRIFIED FOREST hatte sich Bogart als Kino-Gangster profiliert, und die Warner Brothers, nie Freunde des künstlerischen Experiments, ließen ihn in den folgenden Jahren immer wieder Gangster spielen. Bogart wurde ständiges Mitglied der »Murderers' Row« des Studios in Burbank. Er selbst beschrieb diese Zeit 1954 so: »Ich war der Sandsack für Cagney, Raft, Robinson, überhaupt für jeden. Ich trug eine Art von Uniform in diesen Rollen. Das war die Warner-Uniform: ein blauer Anzug, blaues Hemd, unauffällige schwarze oder rote Krawatte, Hut mit heruntergezogener Krempe. Das trug ich in allen Filmen, in THE ROARING TWENTIES, THEY DRIVE BY NIGHT und so weiter. Ich ging immer drauf und kriegte nie das Mädchen.«[9]
Edward G. Robinson erzählte dem gleichen Reporter: »Wir haben mindestens zehn Filme zusammen gemacht. Er war immer der rivalisierende Gangster. Bevor er ein Star wurde, schossen wir gewöhnlich aufeinander. Nur weil ich der Star war, starb er, wenn ich auf ihn schoß. Ich machte dann noch eine Rolle weiter und starb am Ende auch, weil in diesen Filmen der Tod der Lohn der Sünde war. So schrieb es die Zensur vor.«[10]
Abgesehen davon, daß Robinson maßlos übertrieb – er trat nur viermal zusammen mit Bogart auf, bevor sich die beiden in Hustons KEY LARGO (1947/48) wieder begegneten –, ist die Beschreibung der Bogart-Rollen ziemlich korrekt.
Schon in seinem zweiten Film nach THE PETRIFIED FOREST, William Keighleys BULLETS OR BALLOTS (1936), spielte Bogart eine jener Gangster-Rollen, die er selbst später »eindimensional« nannte. Als Nick »Bugs« Fenner, zweiter Mann im New Yorker Verbrecher-Syndikat von Al Kruger (Barton MacLane), trifft er schließlich auf Johnny Blake (Robinson), einen Polizeibeamten, der sich als Spitzel in die Organisation eingeschleust hat. In der letzten Rolle des Films kommt es zur oben geschilderten Schießerei zwischen Robinson und Bogart. Bogart bleibt sofort tot auf der Strecke, während sich Robinson noch ein paar Minuten weiter schleppt, bis die Hintermänner des Syndikats, eine Gruppe von Groß-Bankiers (!), entlarvt sind. Ein Jahr später erschossen sich Robinson und Bogart wiederum gegenseitig in KID GALAHAD von Michael Curtiz.
BULLETS OR BALLOTS, ein überraschend kompetent und kompakt inszenierter Routine-Gangsterfilm, der in seiner geradlinigen Schlichtheit erheblich weniger gealtert ist als so renommierte Produktionen wie Wylers DEAD END (1937) und Curtiz' ANGELS

Bullets or Ballots

WITH DIRTY FACES (1938), vermittelt den Eindruck, als habe Bogart zu jener Zeit seine Gangster-Karriere bei den Warner Brothers nicht völlig ernst genommen. Die Sterbeszene am Fuß einer düsteren Hinterhaus-Treppe wirkt fast komisch: Bogart sinkt theatralisch zu Boden, bleibt malerisch ausgebreitet liegen, den Hut über das Gesicht gezogen. Das ist so outriert gespielt, daß der Verdacht naheliegt, der erfahrene Bühnenschauspieler Bogart habe sich einen privaten Jux machen wollen. Auch der New Yorker Akzent wirkt ostentativ übertrieben. Wenn Bogart »personally« sagen soll, leistet er sich ein unendlich gedehntes »pööösonally«.

»It's no use cryin' when the craps fall that way«: Sätze wie diesen, mit denen Bogart Joan Blondell tröstet, nachdem er seinen Boss tückisch ermordet hat, gibt es viele in den Crime-Epen der Warner Brothers: stoische Maximen eines ungerührten Darwinismus, dessen soziale Explosivität allerdings nur angedeutet bleibt. Verbrechen zahlt sich wirklich nicht aus in

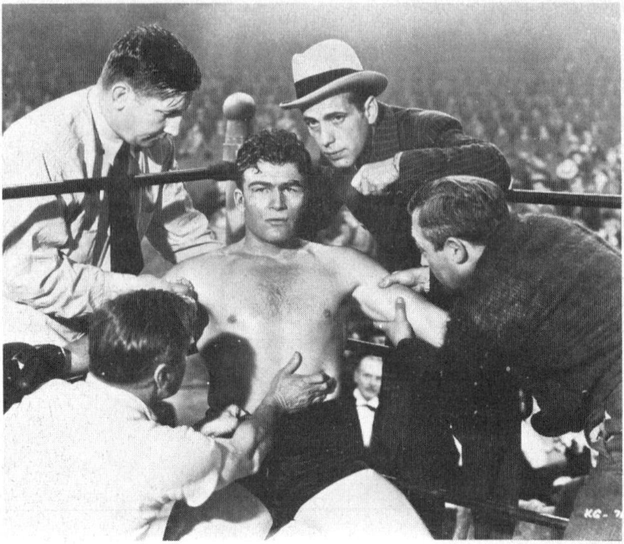

Kid Galahad

Black Legion

Marked Woman

The Great O'Malley

diesen Filmen, aber die anarchistischen Gesten des Gangsters stimulieren die geheimen Sehnsüchte der Zuschauer.
Mitte der Dreißiger Jahre war Bogart die Nummer Vier im Gangster-Team der Warner Brothers. Vor ihm rangierten Edward G. Robinson, James Cagney und George Raft, während Paul Muni, der mit Gangster-Rollen begonnen hatte, zu dieser Zeit bereits seinen festen Platz in den aufwendigen biographischen Epen William Dieterles (*The Story of Louis Pasteur,* 1935; *The Life of Emile Zola,* 1937; *Juarez,* 1939) gefunden hatte. Bogart mußte Rollen spielen, wie sie zwanzig Jahre später ein Lee Marvin bekam, bevor er in den Sechziger Jahren zum Star aufrückte. Er war der kompetente, zuverlässige »Heavy« vom Dienst, »the man you love to hate«.
Von den 28 Filmen zwischen THE PETRIFIED FOREST und HIGH SIERRA (1940) lassen sich immerhin 18 als Gangster- oder Zuchthaus-Filme klassifizieren. Bogart, der sich nie wieder zu den manieristischen Arabesken von BULLETS OR BALLOTS hinreißen ließ, bemerkte 1954: »Die Gangster-Figuren, die ich gespielt habe, sind alle gleich. Man konnte fast einen Karten-Index mit den Sätzen machen, die sie zu sagen haben: ›Get over against the wall‹, ›Get your hands up‹, all diese Standard-Gangster-Sätze.«[11]
Dazu kommen in dieser Periode drei Komödien – Tay Garnetts STAND-IN (1937), Ray Enrights SWING YOUR LADY (1937), Busby Berkeleys MEN ARE SUCH FOOLS (1938) –, zwei Abenteuerfilme – Enrights CHINA CLIPPER (1936), Frank McDonalds ISLE OF FURY (1936) –, zwei Western – Lloyd Bacons THE OKLAHOMA KID (1938) und Michael Curtiz' VIRGINIA CITY (1939/40) – und zwei Beispiele des aktuellen »editorial cinema«, des Schlagzeilen-Kinos: William McGanns TWO AGAINST THE WORLD (1936) und Archie Mayos BLACK LEGION (1936).
Für zwei dieser 28 Filme wurde Bogart von Warner Brothers an United Artists ausgeliehen: William Wyler verpflichtete ihn als Gangster für DEAD END (1937), Tay Garnett setzte ihn in der im Hollywood-Milieu spielenden Komödie STAND-IN als hilfreichen Produzenten ein, der Leslie Howard hilft, die fiktive Firma »Colossal Pictures« vor dem Ruin zu retten.
Allein die Vielzahl der Rollen deutet darauf hin, daß Bogart sich bei Warners mit pragmatischer Nonchalance einrichtete und nicht, wie er später gerne behauptete, zehn- oder elfmal auf »suspension« gesetzt wurde[12]. Natürlich blieben Reibereien

mit dem Studio nicht völlig aus. Nach Bogarts kurzem Gastspiel bei United Artists mußte er in dem Lustspiel SWING YOUR LADY eine der schlechtesten Rollen seiner Karriere spielen, bevor er mit Lewis Seilers CRIME SCHOOL wieder in seinem gewohnten Milieu zugelassen wurde. 1939, als seine Unzufriedenheit mit den stereotypen Rollen allmählich wuchs und er sich bei Jack L. Warner zu beschweren begann, teilte ihm das Studio den Horrorfilm THE RETURN OF DOCTOR X von Vincent Sherman zu, in dem er ein blutsaugendes Monster mit bizarrem Make-up darzustellen hatte. Mit dieser Besetzungs-Idee demonstrierte Warner seine Macht ebenso wie mit dem Einsatz Bogarts in dem Michael-Curtiz-Western VIRGINIA CITY, wo er ein verräterisches Halbblut mit feschem Bärtchen auf der Oberlippe mimen mußte. Die Hauptrollen spielten Errol Flynn und Randolph Scott, zwei Stars, die Bogart persönlich nicht ausstehen konnte. Aber auch diese nicht sehr subtilen Demütigungen stand Bogart durch.

Bogarts Gangster-Rollen waren nicht ganz so undifferenziert, wie er es zwei Jahrzehnte später darstellte. Sowohl in aufwendigen Groß-Produktionen, zum Beispiel KID GALAHAD, ANGELS WITH DIRTY FACES oder THE ROARING TWENTIES, in denen er vergleichsweise kleinere Rollen hatte und von Robinson oder, in den beiden letzteren Filmen, von Cagney erschossen wurde, als auch in billigen B-Pictures, für die er »Top Billing« erhielt, konnte er seine zuverlässige Professionalität beweisen.

In dem Boxer-Film KID GALAHAD von Michael Curtiz, gedreht 1937, hat er einen besonders effektvollen Auftritt als schneidend bösartiger Gangster Turkey Morgan. Mit zwei seiner Männer bricht er in eine Party des Box-Managers Nick Donati (Robinson) ein und wendet seine Aufmerksamkeit dem riesenhaften Hotel-Pagen Ward Guisenberry (Wayne Morris) zu, der später zum Champion Kid Galahad wird. Während die Gäste, ebenso eingeschüchtert wie fasziniert von Bogarts zielstrebiger Gemeinheit, tatenlos zusehen, kürzt er dem hilflosen Riesen mit einem Messer die Hosenbeine.

Bogart tritt nie allein auf in seinen frühen Gangster-Rollen. Meist wird er begleitet von zwei devoten Pistolenmännern, die im Hintergrund bleiben. Er ist nicht Manns genug, so scheint es, um seine Missetaten ohne fremde Hilfe zu vollbringen. Im entscheidenden Moment erweist er sich denn auch als feige, so in ANGELS WITH DIRTY FACES und THE ROARING TWENTIES, wo er

Virginia City

Oklahoma Kid

Men Are Such Fools

Stand-In

James Cagney vergeblich um Gnade anwinselt. Er ist tückisch und sadistisch – in THE ROARING TWENTIES erschießt er ohne zwingende Notwendigkeit einen Mann mit der Begründung »He had it comin' to him« – und verbirgt zugleich seinen mörderischen Charakter unter einer Maske zynischer Indifferenz. Besonders prägnant wirkt das in der Konfrontation mit Cagneys sprunghafter Vitalität. Dem federnden Elan des Stars hat Bogart nur einen stechenden Blick entgegenzusetzen. Mit zusammengekniffenen Lippen, den Kragen seines dunklen Mantels meist hochgeschlagen, präsentiert sich Bogart als der ewige Verlierer, doch ohne jene romantische Dimension, die ihm erst in den Vierziger Jahren erlaubt wurde. Mit Frauen weiß der frühe Bogart nichts anzufangen. In BULLETS OR BALLOTS küßt er Joan Blondell ausnehmend steif und unsicher, drückt sie geradezu feindselig an sich. Meistens hat er überhaupt keine Frau und scheint an zwischenmenschlichen Beziehungen total uninteressiert. Dafür pflegt er Eitelkeiten wie eine Nelke im Knopfloch oder, in ISLE OF FURY und VIRGINIA CITY, einen stutzerhaften Schnurrbart.

Eine seiner interessantesten Gangster-Figuren dieser Epoche spielte Bogart in William Wylers DEAD END, einem weithin überschätzten Film, dessen akademisch sterile Inszenierung das Slum-Milieu ungebührlich pittoresk verklärt. Bogart ist Baby Face Martin, ein arrivierter Gangster, der aus einem sentimentalen Impuls heraus in seine alte Gegend kommt, um seine Mutter und eine Jugendfreundin zu besuchen. Unten am East River, dort, wo die Slums direkt unter den Häusern der reichen Leute liegen, werden die gesellschaftlichen Gegensätze besonders deutlich. Baby Face Martin ist ein Produkt dieser Umgebung, ebenso wie sein Schulfreund, der arbeitslose Architekt Dave Connell (Joel McCrea), der davon träumt, den Bewohnern des Viertels menschenwürdige Häuser zu bauen. Der Architekt (= Erbauer) und der Gangster (= Zerstörer) prallen zwangsläufig aufeinander. Während sich McCrea zunächst noch von Bogarts fatalistischen Sprüchen (»You can't live forever«) fasziniert zeigt, wendet er sich gegen ihn, als deutlich wird, daß der Gangster nicht nur nostalgische Gründe für seinen Besuch hat. Schließlich kommt es zu einem dramatischen Duell, bei dem McCrea Bogart von einer Feuerleiter schießt.

Dead End

Die anrückende Polizei, beeindruckt von der Legende des Baby Face Martin, pumpt ihn voll Blei: Bogarts Tod in DEAD END nimmt den finalen Exzess von Penns *Bonnie and Clyde* voraus.

Unter Wylers sorgfältiger Regie, die besonders den Schauspielern eine penible Aufmerksamkeit widmet, entwirft Bogart ein durchaus differenziertes Porträt dieses Baby Face Martin. Den Dead End Kids gegenüber, einer Bande von verwahrlosten Jugendlichen, spielt er sich als weltläufiger Lehrmeister auf und schaut amüsiert zu, wie sie einen reichen Jungen verprügeln. Eigentlich aber ist er ein zutiefst unsicherer Mann, der die Zuneigung seiner alten Mutter (Marjorie Main) sucht und in dumpfe Verzweiflung versinkt, als sie ihn haßerfüllt zurückstößt. Auch die Begegnung mit dem Mädchen Francey (Claire Trevor), das inzwischen, rachitisch hustend, auf den Strich geht, hebt seine Stimmung nicht. In einer Mischung aus schmerzlicher Melancholie und kalter Wut sitzt er einsam in einer schäbigen Kneipe und plant seinen letzten Coup, das Kidnapping des reichen Jungen.

Als »straight man«, als positiver Held dagegen bleibt Bogart blaß und farblos. Das zeigt sich vor allem in zwei B-Picture-Remakes von früheren Warner-Brothers-Erfolgen, die von dem Remake-Spezialisten Bryan Foy produziert wurden: In Wil-

liam McGanns TWO AGAINST THE WORLD (1936), einer ins Rundfunk-Milieu verlegten Neuverfilmung von LeRoys *Five Star Final*, spielt Bogart quälend steif und unglaubwürdig den Manager einer Radio-Station, der sich gegen seine skrupellosen Vorgesetzten wendet, nachdem der Sender mit seinen skandalösen journalistischen Praktiken einen Doppelselbstmord verschuldet hat. Bogart erreicht in dieser Rolle nie die Intensität, mit der Edward G. Robinson die Schwächen des Originals überspielt hatte.

In Lewis Seilers CRIME SCHOOL (1938), einem mäßigen Remake des James-Cagney-Erfolgs *The Mayor of Hell* (1933) von Archie Mayo, tut er sich schwer als gutwilliger Direktor einer Fürsorgeanstalt, der den gestrauchelten Jugendlichen mit pädagogischem Feingefühl begegnet. In CRIME SCHOOL waren wiederum die Dead End Kids, die später eine eigene Serie bekamen, Bogarts Partner, und ihre schnoddrige Art wirkt erheblich lebendiger als Bogarts steifleinene Wohlanständigkeit. Fehlbesetzt war Bogart auch als irischer Pferdeknecht in Edmund Gouldings Bette-Davis-Melodram DARK VICTORY (1938) und als schwarzgekleideter Western-Bandit in Lloyd Bacons THE OKLAHOMA KID (1938) und dem bereits erwähnten VIRGINIA CITY. THE OKLAHOMA KID war auch ein Tiefpunkt in der Karriere von James Cagney, der, wie Bogart ironisch bemerkte, unter seinem riesigen Cowboy-Hut wie ein wandelnder Pilz aussah.

Zu Bogarts besten Filmen dieser Zeit gehören THE ROARING TWENTIES (1939) und THEY DRIVE BY NIGHT (1940), beide von Raoul Walsh, einem Regisseur, der seine Schauspieler in Interviews gerne mit Komplimenten bedenkt, von Bogart aber nur zu sagen weiß, er habe viel getrunken (»he had a serious leaning towards alcohol«) und sich mit den Produzenten oft wegen seiner Rollen gestritten[13]. Walsh, 1939 von Paramount zu Warner Brothers gekommen, war den anderen »Contract Directors« des Studios weit überlegen. Die physische Direktheit seiner Inszenierungen, sein Sinn für Tempo und Rhythmus, gepaart mit einem Abscheu vor überflüssigen Ornamenten, teilen seinen Gangsterfilmen einen vitalistischen Elan mit, der die schematisierten Konflikte und Situationen vergessen läßt.

Bogarts Rollen in THE ROARING TWENTIES, einer kompletten Anthologie aller Genre-Klischees des Warners-Gangsterfilms,

The Roaring Twenties

und THEY DRIVE BY NIGHT, einer mit kriminalistischen Elementen angereicherten Lastwagen-Fahrer-Story, sind zwar klein, aber prägnant. THE ROARING TWENTIES beginnt in den Schützengräben des ersten Weltkriegs. Bogart erledigt einen halbwüchsigen deutschen Soldaten, den ein anderer GI geschont hatte, weil er höchstens fünfzehn sei, mit der Bemerkung: »He won't be sixteen . . .« Dann verschwindet er erst einmal für eine Stunde aus der Handlung, die sich auf den unaufhaltsamen Aufstieg James Cagneys als Gangster in der Prohibitions-Zeit konzentriert, und erweist sich bei seinem neuerlichen Erscheinen als noch gemeiner und hinterhältiger.
In THEY DRIVE BY NIGHT spielt Bogart den Bruder von George Raft. Bei einem Unfall mit dem mühselig gekauften LKW verliert er einen Arm und hadert anschließend mit seinem Schicksal als Krüppel, bis er in der Garage seines Bruders wieder eine sinnvolle Aufgabe findet. Von dem peinlichen Schluß abgesehen – die Belegschaft, mit Bogart an der Spitze, huldigt Raft als neuem Arbeitgeber –, zieht er sich in dieser ungewöhnlichen Rolle als Invalide achtbar aus der Affäre, obwohl der Film weder von ihm noch von Raft dominiert wird, sondern von der faszinierenden Ida Lupino. Sie spielt die harte, mörderisch entschlossene Frau des Fuhrunternehmers, bei dem die Brüder angestellt sind. Um Raft für sich zu gewinnen, räumt sie ihren Mann (Alan Hale) aus dem Weg.

Der Wendepunkt

THEY DRIVE BY NIGHT war Humphrey Bogarts 39. Film. Er war 41 Jahre alt und spielte noch immer Rollen, die man in Hollywood als »second banana« klassifiziert. Er befand sich mitten in seiner dritten stürmischen Ehe, diesmal mit der Schauspielerin Mayo Methot, die er 1936 bei den Dreharbeiten zu Lloyd Bacons MARKED WOMAN mit Bette Davis in der Hauptrolle kennengelernt und im August '38 geheiratet hatte, eher widerwillig, wie sein offiziöser Biograph Nathaniel Benchley berichtet[14]. Bald war das Paar als »The Battling Bogarts« bekannt, und Bogart, mit sich, der Welt, den Warner Brothers und seiner Frau unzufrieden, trank mehr, als ihm guttat. Ende 1940 deutete alles darauf hin, daß er den Höhepunkt seiner Karriere bereits hinter sich hatte. Er war ein zuverlässiger Schauspieler der zweiten Garde, das Publikum kannte ihn, aber liebte ihn nicht.

Bogart, ein geschickter Taktiker im Umgang mit der Presse, hatte sich ein Image als Einzelgänger jenseits der gesellschaftlichen Normen Hollywoods zugelegt. Schon 1937 ließ er in einem Interview wissen: »Ich habe ein paar gute, enge Freunde, das ist alles. Nicht jeder mag mich, und auch ich mag nicht jeden ... Ich rede gerne, wenn ich stimulierende Leute um mich habe, aber nicht um meine Kiefern klappern zu hören. Ich bin ein liberaler Demokrat und halte Roosevelt für einen großartigen Burschen.

Ich will mich wohlfühlen, aber nicht in einem Super-Stil. Ich brauche keine Yacht, keinen Swimming-Pool, keinen privaten Vorführraum, keinen Luxuswagen. Ich will nur die Dinge, die ich für mein Wohlbefinden brauche: ein angenehmes Zuhause, einen guten Wagen, irgendein Boot, um damit herumzuschippern.«[15]

Inwieweit Bogarts öffentliche Selbstdarstellungen mit der konkreten Wirklichkeit übereinstimmten, läßt sich nachträglich nicht mehr restlos klären. Aus seiner Vorliebe für harte Sachen machte er jedenfalls nie ein Hehl. Von Bogart stammen die schönen Sentenzen »Something happens to people who drink. They live longer« und »The world is three drinks behind«[16]. Tatsache ist aber auch, daß er bei seinen Kollegen nicht sonderlich beliebt war. Edward G. Robinson berichtete noch zu Bogarts Lebzeiten, Bogart habe besonders in den Dreißiger Jahren schlecht gelaunt und unnahbar gewirkt[17], und Ingrid Bergman hat von den Dreharbeiten zu CASABLANCA erzählt, sie habe Bogart nie richtig kennengelernt, weil er sich immer in seiner Garderobe aufhielt und nie mit dem Team sprach[18]. Als Ezra Goodman 1954 für »Time« eine Titelgeschichte über Bogart recherchierte, wurde ihm heimlich viel Material angeboten, das Bogart in einem keineswegs sehr schmeichelhaften Licht zeigte.

Ende 1940 jedenfalls hatte Bogart allen Grund, schlecht gelaunt zu sein. Er fühlte sich als Gefangener der Warner Brothers. Zudem war ihm mit John Garfield ein weiterer Konkurrent in der Gangsterfilm-Hierarchie des Studios beigesellt worden. Bogart bekam nie die Rollen, die er wirklich haben wollte, weil in der Hackordnung der »Murderers' Row« in den letzten fünf Jahren alles gleich geblieben war. Aber zum zweitenmal in seiner Hollywood-Karriere hatte er Glück.

Raoul Walsh sollte W.R. Burnetts Roman HIGH SIERRA verfilmen. Das Drehbuch hatten Burnett, der Autor von *Little Caesar,* und John Huston geschrieben, für die Hauptrolle des Gangsters Roy Earle war George Raft vorgesehen. Aber Raft lehnte den Part ab: der Gangster sollte im letzten Akt von HIGH SIERRA umkommen. Raft hatte keine Lust, den Kino-Tod zu sterben. Paul Muni wollte die Rolle nicht spielen, weil sie zuerst Raft angeboten worden war. Aus dem gleichen Grund lehnten sie auch Cagney und Robinson ab.

So bekam Bogart den Part, obwohl ihm Warner und sein Executive Producer Hal B. Wallis allenfalls die Hauptrollen in unwichtigen B-Pictures zu- und anvertrauten. Und auch in HIGH SIERRA, einer der großen Warner-Brothers-Produktionen von 1940, erscheint Ida Lupino im Vorspann und in der Werbung noch vor Bogart, dessen Rolle aber viel umfangreicher ist.

HIGH SIERRA ist der Wendepunkt in Bogarts Karriere und zugleich einer seiner besten Filme überhaupt. Zum erstenmal stellt er eine klassische Bogart-Figur dar: den wortkargen, einsamen Profi, den romantischen Verlierer, dessen rauhe Schale einen weichen Kern nur unzulänglich verdeckt, ohne je in langatmige Larmoyanz zu versinken, den zuverlässigen Freund, der seine Empfindsamkeit hinter lakonischen Zynismen zügelt.

Die romantische Seite der Bogart-Gestalt, sein unterkühlter Robin-Hood-Appeal, wird in HIGH SIERRA ausdrücklich betont. Der Gangster Roy Earle, der im Schlaf von seiner Heimkehr auf die Farm spricht, hilft einer armen Farmer-Familie auf dem Weg nach Kalifornien. Der Enkelin des alten Pa Goodhue (Henry Travers) schenkt er das Geld für eine Operation an ihrem Klumpfuß, nur um dann feststellen zu müssen, daß Velma (Joan Leslie) einen schleimigen Schnösel liebt. Seinem Boss, der ihn aus dem Zuchthaus geholt hat, hält er die Treue über den Tod hinaus. Und das Leben kostet ihn schließlich seine Zuneigung zu einem kleinen Hund. Bezeichnenderweise sieht man Roy Earle zum erstenmal, wie er spielenden Kindern im Park einen Ball zuwirft.

Den sentimentalen Aspekt des Charakters unterspielt Bogart mit schöner Beiläufigkeit. Seine guten Taten verrichtet er fast widerwillig, aber mit der gleichen Zuverlässigkeit, mit der er ein Spielkasino ausraubt. Er ist ein »Professional« par excellence, ein reifer Mann, der mit abgeklärter Umsicht operiert. Für seine jungen Komplicen hat er nur milde Verachtung übrig. »Smalltimers for small jobs«, bemerkt er, als sie im Fluchtauto verbrennen. Verständlicherweise fühlt sich Ida Lupino als Gangsterbraut Marie Garson von dieser Art souveräner Männlichkeit angezogen, aber Bogart akzeptiert ihre Zuneigung erst, als es eigentlich schon zu spät ist. Der romantische Individualist stirbt einsam im Gebirge, von einer gewaltigen Polizei-Streitmacht umzingelt, von der Sensationspresse mit dem Beinamen »Mad Dog« bedacht: ein überlebensgroßes Monument jenes »rugged individualism«, den Leslie Howard in THE PETRIFIED FOREST beschworen hatte.

Der geradlinige, schnörkellose Stil der Inszenierung von Raoul Walsh und Bogarts völlig unpathetisches Porträt des Gangsters bewahren HIGH SIERRA vor einer möglichen Larmoyanz. Die romantischen Aspekte der Figur sind so geschickt in den harten »drive« der Aktionen eingelassen, daß die im Drehbuch zweifellos vorhandenen Implikationen einer treuherzigen Pfadfindermoral gänzlich eliminiert werden.

HIGH SIERRA entwickelte sich zu einer der größten Box-Office-Attraktionen der Warner Brothers im Jahre 1941. Dennoch schienen Warner und Wallis diesen Erfolg weniger Bogart als der von Walsh rasant erzählten Story zuzuschreiben. Vorerst blieb Bogart ein Star im Wartestand und mußte sich wieder der Routine unbedeutender B-Pictures unterordnen. Sein nächster Film war THE WAGONS ROLL AT NIGHT, inszeniert von dem überbeschäftigten Routinier Ray Enright, ein ins Zirkusmilieu ver-

High Sierra

legtes Remake von KID GALAHAD. Immerhin durfte Bogart schon die Rolle von Edward G. Robinson aus der Version von 1937 spielen. Wie Robinson als Box-Manager kommt auch Bogart als Zirkusdirektor nicht mit dem Leben davon: er wird von einem Löwen zerfleischt.
Auch jener Film, der Bogart endgültig als Star etablierte, war ein Remake. Bereits 1931 hatte Roy Del Ruth Dashiell Hammetts inzwischen längst zum Klassiker avancierten »hard-

boiled« Kriminalroman *The Maltese Falcon* verfilmt, mit Bebe Daniels und Ricardo Cortez. 1936 versuchte sich William Dieterle an der gleichen literarischen Vorlage. Sein Film hieß *Satan Met a Lady,* die Hauptrollen spielten Bette Davis und Warren

The Amazing Dr. Clitterhouse

Williams. Weder Del Ruth noch Dieterle hatten die komplexe Geschichte Hammetts überzeugend in den Griff bekommen. John Huston dagegen, einer der »contract writers« des Studios, Co-Autor u. a. von William Wylers *Jezebel* (1937), Litvaks THE AMAZING DR. CLITTERHOUSE (1938) mit Robinson und Bogart, Howard Hawks' *Sergeant York* (1941) und HIGH SIERRA, hielt Hammetts Roman trotz der schlechten Erfahrungen seiner Vorgänger für einen hervorragenden Filmstoff. Jack Warner,

der ihm einen Regieauftrag versprochen hatte, ließ ihn sein eigenes Drehbuch schreiben und inszenieren.
Wiederum war George Raft für die Hauptrolle vorgesehen, aber der mißtrauische Star weigerte sich, mit einem unerfahrenen Regisseur zu arbeiten. So verpflichtete Huston für den zentralen Part des Privatdetektivs Sam Spade seinen Freund Bogart. Die beiden Männer hatten sich während der Arbeit an THE AMAZING DR. CLITTERHOUSE kennengelernt, einer, gemessen am Standard der Warner Brothers, reichlich extravaganten Gangsterfilm-Parodie, die Bogart später nur »The Amazing Dr. Clitoris« zu nennen pflegte.
Die Rolle des Casper Gutman (»The Fat Man«) besetzte der Regie-Debutant Huston mit einem Schauspieler, der noch nie in einem Film aufgetreten war: dem 61jährigen, 285 Pfund schweren englischen Broadway-Veteranen Sydney Greenstreet. Peter Lorre, wie Huston ein enger Freund Bogarts, war Joel Cairo. Mary Astor spielte die schöne Mörderin Brigid O'Shaughnessy. Johns Vater Walter Huston, damals längst ein großer Star, übernahm eine winzige, im Vorspann nicht aufgeführte Rolle als sterbender Kapitän Jacobi, der Spade den Malteser Falken bringt.
Mit dieser Besetzung und einem Budget von weniger als 300 000 Dollar drehte Huston THE MALTESE FALCON im Sommer 1941. Als der Film im Oktober in die Kinos kam – Huston hatte sich vorher erfolgreich gegen Warners Titelvorschlag »The Gent from Frisco« zur Wehr gesetzt –, feierte die Kritik »the best private-eye melodrama ever made« (James Agee). Auch das Publikum zeigte sich spontan begeistert von Hustons ebenso düsterem wie spannendem Porträt einer Welt voll Gier, Verrat und Gewalt. Völlig überraschend für das Studio wurde THE MALTESE FALCON zum kassenfüllenden »Sleeper« von 1941. Sogar ein »Academy Award« (Oscar) als bester Film des Jahres kam in greifbare Nähe, aber im Jahr von *Citizen Kane* gewann John Fords *How Green Was My Valley.* Dennoch: Mit THE MALTESE FALCON rückte nicht nur John Huston zum neuen Regie-Star der Warner Brothers auf, auch Bogarts Position war nun, nach seinem 42. Film, endgültig gefestigt. In den 33 Filmen, die er bis zu seinem Tod noch drehte, erhielt er immer »Top Billing«, war die Nummer eins im Vorspann und in der Werbung. 1943 tauchte sein Name zum erstenmal in der Liste der »Top Ten Money-Making Stars« auf, und zwar an 7. Stelle

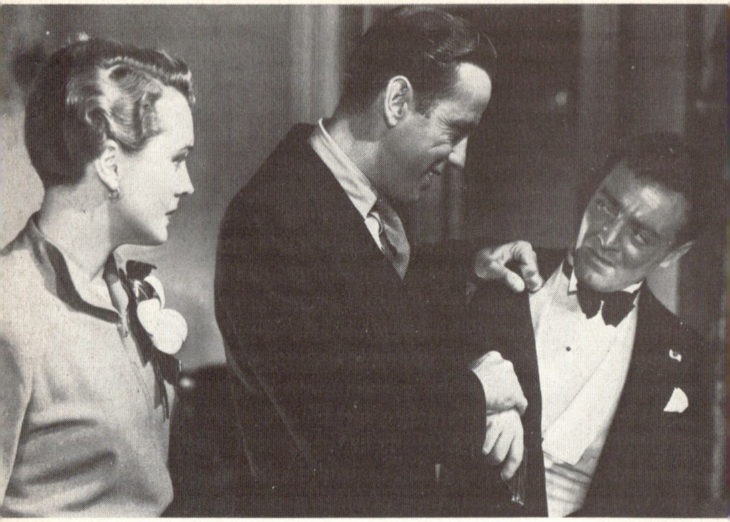

The Maltese Falcon

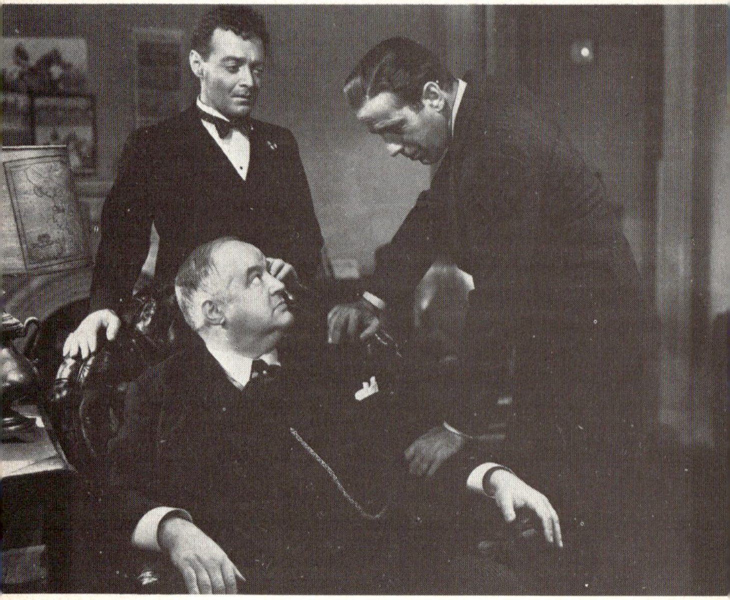

The Maltese Falcon

(Nummer 1: Betty Grable). Auf dieser Liste hielt er sich ohne Unterbrechung bis 1949, auch wenn er nie auf den ersten Platz gelangte. 1944 war er wiederum die Nummer sieben (Erster: Bing Crosby), 1945 und 1946 kam er auf Rang sechs, 1947 auf Rang fünf, 1948 wieder auf den sechsten Platz, um dann 1949 auf die neunte Position abzurutschen und anschließend ganz von der Liste zu verschwinden. 1955, nach dem großen kommerziellen Erfolg seines Films THE LEFT HAND OF GOD, schaffte er noch einmal ein Comeback auf Platz acht. In diesem Jahr war James Stewart die Nummer eins. Clark Gable die Nummer zehn.[11]

Natürlich täuscht ein solche Plazierungs-Methode nach Art von Pferdewetten. Bis zu seinem letzten Film blieb Bogart ein unbestrittener Superstar, dessen Name immer genug »drawing power« besaß, um die Leute ins Kino zu locken und die Finanziers zu beruhigen. Ausgesprochene kommerzielle Pleiten wie BEAT THE DEVIL gibt es wenige in seiner Karriere nach THE MALTESE FALCON.

Der überwältigende Publikumserfolg von THE MALTESE FALCON erscheint auf den ersten Blick einigermaßen unverständlich. Es gibt kaum Szenen mit dramatischer physischer Aktion in Hustons Film, die Handlung ist fast kammerspielartig auf wenige Innenräume konzentriert, besteht überwiegend aus Dialogen. Aber gerade Hustons intimistischer Stil, der einer akribisch präzisen Charakter-Beschreibung den Vorzug gegenüber äußerer Bewegtheit einräumt, verleiht THE MALTESE FALCON eine intensive Faszination und Attraktivität. Ständig wechselnde Fronten zwischen den vier Protagonisten Spade, Gutman, Cairo und Brigid O'Shaughnessy schaffen ein Klima moralischer Ambiguität, in dessen Spannungsfeld ein Mikrokosmos menschlicher Schwächen sichtbar wird. Arthur Edesons harte, kontrastreiche Schwarz-Weiß-Photographie, weit entfernt vom stimmungsvollen »Low Key«-Stil in CASABLANCA, betont zusätzlich die Atmosphäre nackter Gier, die das Handeln der Figuren beherrscht. Dazu kommt eine Galerie plastisch und präzis gezeichneter Chargen von Elisha Cooks tragikomisch unfähigem Klein-Gangster Wilmer bis zu Lee Patricks patent loyaler Sekretärin Effie.

Bogarts »Private Eye« Samuel Spade, das Vorbild unzähliger Detektiv-Gestalten vom klassischen »film noir« der Vierziger Jahre bis hin zu Polanskis *Chinatown,* nimmt eine Sonderstellung in der Galerie der berühmten Bogart-Rollen ein. Anders als der Roy Earle von HIGH SIERRA, der Rick Blaine von CASABLANCA, der Harry Morgan von TO HAVE AND HAVE NOT und der Philip Marlowe von THE BIG SLEEP ist Spade eine Figur ohne romantische Dimension, ohne emotionale Tiefe und Wandlungsfähigkeit. Der »Bogartian Man«, bestimmt durch seine höchst ambivalente Mischung aus zynischer Einsicht in die unschönen Erfordernisse der Realität und letztlich unkorrumpierbarer Integrität und Loyalität, erscheint hier allenfalls als Wolf unter Wölfen, nur durch seine Profession vom Gangsterismus der »anderen Seite« abgehoben.

Sam Spade ist nicht unsentimental, sondern gefühllos, nicht professionell hart, sondern lüstern sadistisch, nicht integer, sondern opportunistisch. Nach dem Tod seines Partners Miles Archer läßt er sofort dessen Namen von der Bürotür entfernen. Ebenso rasch befreit er sich von Archers lästiger Witwe Iva, mit der er hinter dem Rücken seines Partners ein Verhältnis gehabt hatte. Beim trickreichen Spiel um den Malteser Falken, eine mit Juwelen besetzte Figur aus massivem Gold, mischt er kräftig mit. Erst als sich herausstellt, daß der klobige Vogel eine wertlose Imitation ist, schaltet er die Polizei ein. Genüßlich brutal geht er mit dem physisch weit unterlegenen Joel Cairo um (»When you're slapped you'll take it and like it«), mit hämischer Schadenfreude liefert er seine Geliebte Brigid der Polizei aus. Mary Astor ist sehr bewegend, wenn sie, mit echten wie mit falschen Tränen kämpfend, um ihre Freiheit fleht, aber Bogarts Spade bleibt in dieser Szene kalt und höhnisch: »Yes, angel, I'm gonna send you over. The chances are you'll get off with life. That means if you're a good girl, you'll be out in twenty years. I'll be waiting for you. If they hang you, I'll always remember you.«

Die anschließende Erklärung, daß er seinen von Brigid erschossenen Partner rächen müsse, bleibt letztlich unbefriedigend. Wie egal ihm Miles Archer war, beweist sein Verhältnis mit dessen Frau, das eindeutig gegen seinen Loyalitäts-Anspruch spricht. »Don't be too sure I'm as crooked as I'm supposed to be«, läßt Huston seinen Sam Spade kurz vor Schluß des Films zu Brigid sagen, aber auch dieser Satz mildert kaum noch die fatale Erbarmungslosigkeit der Figur.

Eine solche Interpretation von THE MALTESE FALCON mag angesichts der Wertschätzung, die dieser Film bei vielen Bogart-

Fans genießt, einigermaßen schockierend wirken. Aber Huston, so scheint mir, hat die spezielle Magie der mythischen Aura Bogarts nie realisiert. Sicher, THE MALTESE FALCON ist ein fehlerlos inszenierter Film, und Bogarts Spade ist eine in sich stimmige, eindrucksvoll gespielte Figur. Doch selbst der theatralisch angelegte Duke Mantee in THE PETRIFIED FOREST war

Key Largo

reicher, sinnlicher, bewegender als dieser Spade. Huston, ein weithin überschätzter Regisseur, verwechselt in vielen seiner Filme Realismus mit Grausamkeit (z. B. *The Misfits*), Abenteuer mit prätentiöser Lagerfeuer-Philosophie (THE TREASURE OF THE SIERRA MADRE, *The Roots of Heaven*). Er ist ein Mann, der seine Schauspieler gedankenlos demütigt (am schlimmsten Monroe und Gable in *The Misfits*) und ausdauernd »große« Stoffe als große Filme ausgibt *(Moby Dick, Freud, The Bible).* Seine vermeintliche Virilität entlarvt sich immer wieder als hohle Attitüde eines anpassungsfähigen Verwandlungskünstlers fern der von »athletischer Anstrengung« (Werner Herzog) getragenen Integrität eines Hawks oder Walsh. Und gäbe es nicht *The Asphalt Jungle* und THE AFRICAN QUEEN, so könnte man Huston leicht als ebenso versierten wie opportunistischen Kunsthandwerker abtun, dessen bessere Filme *(The Kremlin*

Letter, The Mackintosh Man) oft nicht zufällig von korrupten Intrigen handeln.
Hier muß so ausführlich von Huston die Rede sein, weil er wie kein anderer Regisseur Bogart in der zweiten Hälfte seiner Karriere beeinflußt und geprägt hat. Sechs Filme hat Huston mit Bogart gedreht: THE MALTESE FALCON (1941), ACROSS THE PACIFIC (1942), THE TREASURE OF THE SIERRA MADRE (1947), KEY LARGO (1947/48), THE AFRICAN QUEEN (1951) und BEAT THE DEVIL (1953). Außer ACROSS THE PACIFIC, einem immerhin unterhaltsamen anti-japanischen Propaganda-Abenteuer mit Resten der »Falcon«-Besetzung (Astor, Greenstreet), gehören sie alle zum Standard-Repertoire des Bogart-Kults, bezeichnen

Across the Pacific

zugleich exemplarisch Bogarts Größe und Grenzen. Huston war es, der den alternden Star zu ambitiöser Schauspielerei verleitete (THE TREASURE OF THE SIERRA MADRE), Huston aber war es auch, der Bogart in THE AFRICAN QUEEN zu einer seiner besten späten Rollen verhalf, die dennoch nichts mehr mit dem klassischen »Bogartian Man« zu tun hatte. Bezeichnenderweise gewann Bogart seinen »Oscar« nicht für CASABLANCA, als er 1943 zum erstenmal nominiert wurde, sondern für THE AFRICAN QUEEN, als der einstige »letzte Apostel eines rauhen Individualismus« sich melancholisch grinsend von der gestrengen Miss Hepburn domestizieren ließ. Ähnliches widerfuhr zwanzig Jahre später dem armen John Wayne, der sich erst eine Augenklappe und eine auffällige Maske zulegen mußte, bevor man ihn in Hathaways albernem *True Grit* für »Oscar«-würdig befand. Filmschauspieler werden immer noch, so scheint es, an ihren Verstellungs- und Verkleidungskünsten gemessen. Doch gerade so »unwirkliche«, mythisch stilisierte Figuren wie Bogart oder Wayne, deren Kraft und Faszination direkt abhängig ist von spezifischen Genres, Konstellationen und Lokalitäten, wirken leicht lächerlich und würdelos, wenn sie Rollen jenseits

The Treasure of the Sierra Madre

ihrer eigenen Erfahrung und Identität spielen. Das jüngste Beispiel dafür ist Lino Ventura, der grandiose »Homme solitaire« von Melville, Sautet, Giovanni und Enrico, der sich letzthin bei Pinoteau *(La gifle)* oder Granier-Deferre *(La cage)* als trauriger Clown produziert.

1954, kurz nachdem er den paranoiden Kapitän Queeg in Edward Dmytryks THE CAINE MUTINY gespielt hatte und zum drittenmal für einen »Oscar« nominiert worden war, bestätigte Bogart selbst im Gespräch mit Ezra Goodman die verhängnis-

The African Queen

vollen Klischees über seine Profession: »Ich mag nicht Duke Waynes Interview-Stil, wo der Schauspieler sagt: ›Ich bin kein Schauspieler.‹ (I ain't no actor). Ich bin Brückenbauer oder Tankwart. Wenn er kein Schauspieler ist, wofür wird er dann bezahlt? Ich habe Respekt für meinen Beruf. Ich habe hart daran gearbeitet. Ich mag jeden, der mit dem Theater und mit der Schauspielerei zu tun hat, und ich bin stolz darauf, sehr gut zu sein. Aber ich lehne die Waynes, Gables und Coopers ab, die da sagen: ›Was soll's, ich bin kein Schauspieler (Shucks, I ain't no actor)[20].‹« Derartige Äußerungen, die eine leichtfertige Arroganz ausdrücken, lassen sich auf den Einfluß von Bogarts intellektuellen Freunden Huston, Richard Brooks, Truman Capote und Edward Dmytryk zurückführen. Sie bezeichnen den Niedergang eines Stars, der in seinen besten Filmen eine in ihrer Konsequenz utopische Deutung der »condition humaine« verkörpert hatte. Doch der Bogart-Mythos in seiner reinen Form artikulierte sich nur in wenigen Filmen, die fast alle zwischen 1940 (HIGH SIERRA) und 1945 (THE BIG SLEEP) entstanden. Dem mühsamen Aufstieg der Dreißiger Jahre folgte ein kurzer rauschhafter Höhepunkt, dessen Ende sich freilich schon in THE MALTESE FALCON abzeichnete, bevor er recht begonnen hatte.

Das Kernstück des Kults

Dem kommerziellen Triumph von THE MALTESE FALCON wollten die Warners ein Werk mit dem Titel »The Further Adventures of the Maltese Falcon« folgen lassen, aber der japanische Überfall auf Pearl Harbour am 7. Dezember 1941 machte diesen Plan glücklicherweise zunichte. Die Warner Brothers, mehr denn je entschlossen, »good citizenship with good entertainment« zu verbinden, zogen in den Krieg. Bereits 1939, als die »New York Times« noch verzweifelt fragte, wo denn Hollywood gewesen sei, als in Europa die Lichter ausgingen, hatte das Studio gegen den heftigen Widerstand der neutralistischen Mehrheit innerhalb der Filmindustrie die Serie der Anti-Nazi-Propaganda-Filme mit Anatole Litvaks semidokumentarischem Reißer *Confessions of a Nazi Spy* eröffnet. In den folgenden drei Jahren bis zum Kriegseintritt der USA waren es dann auch die Warner Brothers gewesen, die entschlossener als alle anderen Firmen für eine amerikanische Intervention in den Krieg in Europa gefochten hatten: nicht zuletzt *Sergeant York* (1941) von Howard Hawks, die Biographie des legendären Helden aus dem ersten Weltkrieg, war eine deutliche Absage an neutralistisch-pazifistische Positionen gewesen.
Die Stars der Warner Brothers, vom aktiven Dienst freigestellt, fochten ihren Krieg im Atelier und auf dem »Back Lot« von Burbank aus. Unter der Regie von Raoul Walsh trat Errol Flynn in *Desperate Journey* (1942), *Northern Pursuit* (1943) und *Uncertain Glory* (1944) gegen die »Krauts« und in *Objective Burma* (1945) gegen die »Japs« an. Auch Bogart war auf fast

Sahara

allen Kriegsschauplätzen zu finden: in Vincent Shermans ALL THROUGH THE NIGHT (1941) war er ein New Yorker Spieler-König, der den tückisch-eleganten Nazi-Spion Conrad Veidt unschädlich macht. Hustons ACROSS THE PACIFIC führte ihn zum Panama-Kanal, wo er in letzter Minute ein japanisches Attentat verhindert. Unter Lloyd Bacons Regie erlebte er ACTION IN THE NORTH ATLANTIC (1942/43) im Kampf gegen deutsche U-Boote, als Sergeant Joe Gunn verschlug es ihn in die SAHARA (Regie: Zoltan Korda, 1943), wo Rommels Wüstenfüchse auf ihn warteten.

Keiner dieser Filme ist sonderlich aufregend, Bogart spielte auch als uniformierter Kämpfer jene sichere Kompetenz aus, die wenige Jahre zuvor seine Gangsterrollen gekennzeichnet hatte. Der Krieg, an dem er zusammen mit seiner Frau Mayo Methot von Dezember 1943 bis Februar 1944 als Truppenbetreuer in Nordafrika und Italien teilnahm, schien nur seine alte These zu bestätigen, die Welt sei »three drinks behind«. Der Individualist wirkte angesichts der anonymen Materialschlach-

Casablanca

ten wie ein Verlorener, und es ist kein Zufall, daß Bogarts beste »Kriegsfilme« weit entfernt von der Front spielen.
1941 hatten die Warner Brothers die Filmrechte an einem nie aufgeführten Theaterstück mit dem Titel *Everybody comes to Rick's* gekauft. Schauplatz der Handlung: Ricks »Café Americain« in Casablanca, Drehpunkt mannigfaltiger Intrigen um Flüchtlinge, Schmuggler, Militärs und Untergrund-Kämpfer. Die emsigen Brüder Julius J. und Philip G. Epstein, »contract

writers« bei Warner Brothers, bekamen den Auftrag, daraus ein patriotisches Bogart-Vehikel zu entwickeln. Aber als die Dreharbeiten Mitte 1942 unter der Regie von Michael Curtiz begannen, war das Skript längst noch nicht fertig. Ein weiterer Drehbuchautor, Howard Koch, wurde auf das Projekt angesetzt, und während weder der Regisseur noch die Schauspieler wußten, wie die Geschichte ausgehen würde, suchten Koch und die Epsteins verzweifelt nach einem plausiblen Schluß.[21] Be-

Casablanca

sonders Ingrid Bergman, der von David O. Selznick ausgeliehene weibliche Star von CASABLANCA, litt unter der Ungewißheit über den Ausgang der melodramatischen Dreiecksgeschichte zwischen ihr, Humphrey Bogart und Paul Henreid. Bogart dagegen ertrug die allgemeine Konfusion mit seinem üblichen Stoizismus. Niemand glaubte daran, daß CASABLANCA ein Erfolg werden könnte.
Wieder einmal kam der Zufall zu Hilfe. Vom 14. bis zum 24.

Januar 1943 fand die Casablanca-Konferenz zwischen Roosevelt und Churchill statt, auf der die Landung der Alliierten in Sizilien beschlossen wurde. Die Warner Brothers nutzten die unverhoffte Gunst der historischen Stunde und datierten den Massenstart des bereits am 27. November 1942 uraufgeführten Films auf den Februar 1943. CASABLANCA wurde ein riesiger Erfolg und gewann drei »Oscars«: als bester Film des Jahres, für die beste Regie und für das beste Drehbuch. Zum erstenmal wurde auch Bogart für einen »Academy Award« nominiert, aber er verlor, zusammen mit Gary Cooper, Walter Pidgeon und Mickey Rooney, gegen Paul Lukas in Herman Shumlins *Watch on the Rhine.* Die universelle Faszination von CASABLANCA hält bis heute an. Sie hat viele Imitationen inspiriert, einige, wie SIROCCO (1950/51), mit Bogart selbst. Sie hat das parodistische Genie der Marx Brothers *(A Night in Casablanca)* ebenso überlebt wie eine von Claude Chabrol gestaltete Zigaretten-Reklame. Woody Allen widmete CASABLANCA die ironisch-respektvolle Hommage *Play it again, Sam,* Jean Simmons sieht CASABLANCA im Fernsehen in *The Happy Ending* von Richard Brooks, Barbra Streisand singt das CASABLANCA-Lied »As time goes by« in Peter Bogdanovichs *What's Up, Doc?*. Und so weiter.
CASABLANCA ist das Kernstück des Bogart-Kults. Wie der Film auf junge Betrachter von heute wirkt, beschrieb ein 26jähriger Amerikaner so: »There are all those graspable values floating around in the film. It's full of a lost heritage that we can't live. Life is no longer like that . . .«[22]
Bogart ist Rick Blaine, ein Amerikaner in Casablanca, ein scheinbar zynischer Einzelgänger, der dem hektischen Treiben in seinem Nachtclub mit einer Mischung aus mildem Amüsement und geduldiger Verachtung zuschaut. Als der kleine Gauner Ugarte (Peter Lorre) ihn fragt, ob er ihn verachte, sagt Rick: »If I gave you any thought I probably would.«
Alle Welt trifft sich bei Rick: deutsche Offiziere, darunter Conrad Veidt als Major Strasser, ebenso wie ihre französischen Kollaborateure der Vichy-Regierung, repräsentiert durch Captain Renault (Claude Rains), Flüchtlinge aus allen Teilen Europas, die in Ricks »Café Americain« gestrandet sind und von einem Flug nach Amerika träumen, Schieber, Diebe, Spieler und verzweifelte Mädchen – everybody comes to Rick's.
Rick lebt nach dem Motto »I stick my neck out for nobody«,

aber als seine ehemalige Geliebte Ilsa Lund (Ingrid Bergman) mit dem Résistance-Helden Victor Laszlo (Paul Henreid) in Casablanca auftaucht, brechen unversehens alte Wunden auf, gerät seine Politik der Nichteinmischung ins Wanken. Durch Laszlo erfährt der Zuschauer, daß Rick im spanischen Bürgerkrieg auf der republikanischen Seite gekämpft und während der italienischen Invasion in Äthiopien Waffen für die einheimische Widerstandsbewegung geschmuggelt hat.

»I'm not interested in politics. The problems of the world are not in my department. I'm a saloon-keeper«: hinter Ricks pragmatischer Nonchalance verbirgt sich der Schmerz über Ilsas scheinbaren Verrat an ihrer großen Liebe. Hin- und hergerissen zwischen seinem Drang, Ilsa zu behalten, und seiner Bewunderung für Laszlos Arbeit, entscheidet er sich schließlich für die »Sache«. Rick opfert seine Liebe. Er gibt Ilsa frei und läßt sie zusammen mit Laszlo nach Amerika fliegen. Beim Abschied auf dem Flughafen erklärt er ihr: »Ilsa, I'm no good at being noble, but it doesn't take much to see that the problems of three little people don't amount to a hill o'beans in this crazy world. Someday you'll understand that.«

CASABLANCA, atmosphärisch ungemein dicht inszeniert und von Arthur Edeson mit weichen Lichteffekten photographiert, ist voll von romantischem Pathos. Die »Marseillaise«-Sequenz, in der französische Patrioten mit der Hymne der Revolution die »Wacht am Rhein« der verhaßten Deutschen zum Verstummen bringen, provoziert auch heute noch eine Gänsehaut emotionalen Mitvollzugs. Wenn Bogart nachts in seiner Kneipe melancholischen Erinnerungen an die gemeinsame Zeit mit Ilsa in Paris nachhängt, wenn in der großen Auseinandersetzung mit ihr die Tiefe seiner Verzweiflung vollends sichtbar wird (»Go ahead and shoot. You'll be doing me a favor«), wenn die ungeheuer intensive Spannung in einer Geste der Solidarität und Freundschaft ausläuft (»Louis, I think this is the beginning of a beautiful friendship«), dann unterwirft sich der Zuschauer lustvoll einem Wechselbad extremer Emotionen, die von Curtiz in einer delikaten Balance zwischen abgründigem Zynismus, pathetischem Trotz und süchtiger Sentimentalität gehalten werden.

CASABLANCA definiert den »Bogartian Man« als eine Figur, die

Passage to Marseille

souverän genug ist, um sich zu ihren Schwächen bekennen zu können, als einen scheinbar hartgesottenen pragmatischen Einzelgänger, der in einer Welt voll Verrat und Terror schließlich doch seine Integrität bewahrt und zu solidarischem Handeln in der Lage ist, als einen Verlierer, dessen Niederlagen zugleich auch immer den moralischen Sieg bedeuten.

Bogart, der selbst in Momenten höchster emotionaler Exaltation nie ohne Würde erscheint, der die romantische Konzeption mit reifer Abgeklärtheit unterspielt, verleiht dieser Figur eine Autorität und Authentizität, die sich zu einem utopischen Entwurf verdichten. In HIGH SIERRA, CASABLANCA, TO HAVE AND HAVE NOT und THE BIG SLEEP erreicht er eine Dimension der Hoffnung, wie sie Hans Magnus Enzensberger drei Jahrzehnte später in *Der kurze Sommer der Anarchie* den alten Männern der anarchistischen Bewegung Spaniens attestierte: »Das sind keine kaputten Typen. Ihre physische Verfassung ist ausgezeichnet. Sie sind nicht ausgeflippt, sie sind nicht neurotisch, sie brauchen keine Drogen. Sie bedauern sich nicht. Sie bereuen nichts. Ihre Niederlagen haben sie keines Schlechteren belehrt. Sie wissen, daß sie Fehler gemacht haben, aber sie nehmen nichts zurück.«[23]

Zu diesem utopischen Konzept gehört auch eine sensible Zärtlichkeit im Umgang mit Frauen. Hatte Bogart in THE MALTESE FALCON noch Mary Astor so zielstrebig gierig geküßt wie einst

Joan Blondell in BULLETS OR BALLOTS, so besitzen seine Liebesszenen mit Ingrid Bergman in CASABLANCA eine emanzipierte Sinnlichkeit, die nicht auf die Unterdrückung des Partners ausgerichtet ist. Diese Dimension zeigt sich deutlich auch in seinem Verhältnis zu Lauren Bacall in TO HAVE AND HAVE NOT und THE BIG SLEEP, wobei die Aura romantischer Keuschheit einer offensichtlich sexuell betonten Attraktion weicht, die aber mehr von Bacall ausgeht als von Bogart.

1943 schlug sich Bogart, begleitet von seinen getreuen Vasallen Greenstreet und Lorre, durch die allzu kompliziert ineinander verschachtelten Rückblenden von PASSAGE TO MARSEILLE, wiederum unter der Regie von Michael Curtiz. Er spielte den demokratischen französischen Journalisten Matrac, der wegen seiner Opposition gegen das Münchner Abkommen unter einem Vorwand auf die Teufelsinsel deportiert wird und nach allerlei Abenteuern den Heldentod im Dienste von de Gaulles Freiem Frankreich stirbt. PASSAGE TO MARSEILLE war Bogarts fünfzigster Film.

Bacall

Im März 1944 begannen in der Halle 16 des Warner-Studios in Burbank die Dreharbeiten zu TO HAVE AND HAVE NOT. Howard Hawks war der Regisseur, William Faulkner und Jules Furthman hatten Hemingways wohl schwächstes Buch zu einem Skript umgearbeitet, das kaum noch Ähnlichkeiten mit der literarischen Vorlage aufweist.

TO HAVE AND HAVE NOT hat denn auch weniger mit Hemingway zu tun als mit CASABLANCA. Wiederum spielt Bogart den desillusionierten Professional, dessen Philosophie sich in dem Dialog erschließt: »What are your sympathies?« – »Minding my own business.« Der Film spielt auf der von Vichy-Frankreich verwalteten Insel Martinique zu Beginn des zweiten Weltkriegs. Der amerikanische Skipper Harry Morgan (Bogart) unternimmt mit seinem kleinen Boot Angeltouren für reiche Touristen. Als ihn die Résistance-Bewegung bittet, einen Auftrag für sie zu übernehmen, lehnt er ab. Politik, so scheint es, interessiert ihn so wenig wie in CASABLANCA, aber erneut gerät seine fatalistische Neutralität ins Wanken, als eine Frau auftaucht: das auf Martinique gestrandete Mädchen Slim. Bogart wird vom zynischen Beobachter zum aktiven Kämpfer und hilft bei der Befreiung eines französischen Patrioten von der Teufelsinsel.

Wie in CASABLANCA bestimmen weniger ideologische Präferenzen als persönliche Sympathien sein Handeln. Gefragt, warum er sich zur Unterstützung der Résistance entschlossen hat, antwortet er nur: »Maybe because I like you and I don't like them.« Bogarts Harry Morgan ist kein Freund großer Worte und die »pragmatische Intelligenz« (Rivette) von Howard Hawks läßt zusätzlich keinen Zweifel daran, daß es nicht um schöne Phrasen, sondern um entschlossenes Handeln geht.

Hawks relativiert die heroisch-romantische Dimension des Bogart-Charakters durch absurde Komik, die Walter Brennan als

To Have and Have Not

alter Saufbold und Bogarts treuer Freund einbringt. Immer wenn die Story idealistischen Höhen zustrebt, fragt Brennan eine andere Figur unvermittelt, ob sie schon einmal von einer toten Biene gestochen worden sei. Auch die Beziehung zwischen Bogart und dem Mädchen ist weniger romantisch als in CASABLANCA. Slim, im Gegensatz zu Ingrid Bergmans Ilsa Lund, erweist sich schnell als durchaus emanzipierte Partnerin, die

To Have and Have Not

The Big Sleep

von sich aus die Initiative ergreift und Bogart eindeutig zweideutige Angebote macht: »You know you don't have to act with me, Steve. You don't have to say anything and you don't have to do anything. Not a thing. Or, maybe just whistle. You know how to whistle, don't you, Steve? You just put your lips together – and blow.«

Die Frau, die solche Sätze mit einem herausfordernd sinnlichen Blick servierte, der bald als »The Look« berühmt wurde, hieß eigentlich Betty Joan Perske. Mrs. Hawks hatte ein Bild des jungen Photomodells aus New York in der Frauenzeitschrift »Harper's Bazaar« entdeckt und ihren Mann auf das ungewöhnliche Gesicht aufmerksam gemacht. So begann die Karriere von Lauren Bacall.

Über Bogart & Bacall ist viel geschrieben worden. Joe Hyams, der ausdauernder als andere den Bogart-Kult ausschlachtet, widmete der Romanze jüngst gar ein eigenes Buch[24], das freilich auch nicht mehr enthält als eine Kollektion mäßig amüsanter Anekdoten. Aber selbst wenn man nicht wüßte, daß die beiden sich während der Arbeit an TO HAVE AND HAVE NOT ineinander verliebten, so ist die starke erotische Spannung in ihrem Zusammenspiel unübersehbar. Der verliebte Bogart ließ sich von seiner jungen Partnerin viele Szenen stehlen. Bacall hat einen effektvollen Auftritt mit der untergründig provokanten Frage »Have you got a match?« und durch den ganzen Film zieht sich eine ironische Sexual-Symbolik: ausdauernd wird mit phallischen Instrumenten hantiert.

Am 21. Mai 1945, elf Tage nach seiner Scheidung von Mayo Methot, heirateten Bogart und Bacall. Die Ehe dauerte bis zu Bogarts Tod zwölf Jahre später, und es gibt viele Anzeichen dafür, daß die 25 Jahre jüngere vierte Mrs. Bogart die Beziehung dominierte. Die Bogarts hatten zwei Kinder: den 1949 geborenen Sohn Stephen und die Tochter Leslie Howard, geboren 1952.

Dem riesigen kommerziellen Erfolg von TO HAVE AND HAVE NOT ließ Hawks sofort einen weiteren Bogart/Bacall-Film folgen: THE BIG SLEEP nach dem gleichnamigen Roman von Raymond Chandler wurde Anfang 1945 noch vor der Hochzeit des Paares gedreht. THE BIG SLEEP ist zusammen mit HIGH SIERRA, CASABLANCA und TO HAVE AND HAVE NOT der beste Bogart-Film,

Conflict

nicht nur hinsichtlich der Definition der Bogart-Figur, sondern auch und zumal in bezug auf die Qualität seiner Inszenierung. Zwischen Hawks und Bogart herrschte das stillschweigende Einverständnis zweier absoluter Professionals, auch wenn es ganz zu Anfang einige Schwierigkeiten gab. Hawks erinnert sich: »I had trouble the first day with Bogart. I think I grabbed him by the lapels and pushed his head up against the wall and

Dark Passage

said, ›Look, Bogie . . . I tell you how to get tough, but don't get tough with me‹. He said, ›I won't‹. Everything was fine from then on.«[25]

Bogarts Privatdetektiv Philip Marlowe wird in THE BIG SLEEP in eine Kette mörderischer Intrigen verwickelt, die er mit lakonischem Witz und bemerkenswerter Hartnäckigkeit durchsteht. Er läßt sich von dem Reichtum der Familie Sternwood ebensowenig beeindrucken wie von den Drohungen diverser Gangster. »Too many people tried to stop me« ist seine einfache Erklärung für die sture Entschlossenheit, mit der er operiert.

Der häßliche Gift-Mord an einem kleinen Ganoven (Elisha Cook jr.) macht ihn vollends wütend.
Der makellose Funktionalismus der Inszenierung von Hawks entspricht Bogarts perfektem Porträt eines bei allem Zynismus integren Mannes, der mit selbstverständlicher Würde durch einen düsteren Dschungel voll Verrat, Gewalt und Korruption geht. Hawks gönnt dieser Figur zudem eine sexuelle Anziehungskraft, der alle Frauen in THE BIG SLEEP erliegen. Besonders in den Szenen zwischen Bogart und Bacall knistert es förmlich vor erotischer Spannung, aber auch die knappe Episode mit dem Mädchen im Bücherladen (Dorothy Malone) demonstriert Bogarts selbstironisch unterspielte Virilität.
Mit den Mitteln der Ironie und der Satire macht Hawks die Bogart-Figur insgesamt menschlicher und glaubwürdiger als alle anderen Regisseure. Von der ersten Begegnung mit der hübschen kleinen Nymphomanin Carmen Sternwood (Martha Vickers), bei der er sich als Doghouse Riley ausgibt, über seine Karikatur eines homosexuellen Bücherfreundes bis zu dem telephonischen Verwirrspiel mit der Polizei gibt es viele Szenen in THE BIG SLEEP, deren schöner Unernst der Bogart-Figur besser bekommt als Hustons prätentiöser Moralismus in TREASURE OF THE SIERRA MADRE und KEY LARGO.
Zwischen TO HAVE AND HAVE NOT und THE BIG SLEEP brachte Warner CONFLICT von Curtis Bernhardt heraus, einen bereits 1943 gedrehten, schwerfällig psychologisierenden Kriminalfilm mit Bogart als Gattenmörder. Die gleiche Rolle spielte er 1946/47 für Peter Godfrey in THE TWO MRS. CARROLLS, einem der schlechtesten Filme seiner Karriere. Mit groteskem mimischen Aufwand muß Bogart die psychopathischen Zuckungen eines genialischen Malers darstellen, der seine Ehefrauen ermordet, um neue kreative Kräfte zu schöpfen.
Ähnlich unglücklich sah er in DARK PASSAGE (1947) von Delmer Daves aus, seinem dritten Film mit Bacall. Die ersten vierzig Minuten von DARK PASSAGE sind mit subjektiver Kamera gedreht, aus der Sicht eines aus San Quentin entflohenen Sträflings (Bogart). Er war unschuldig wegen Mordes an seiner Frau – was sonst? – verurteilt worden und will nun den wahren Täter finden. Eine reiche Künstlerin (Bacall) hilft ihm dabei. Zunächst verpaßt ihm ein Meister der plastischen Chirurgie Bogarts Gesicht, damit ihn niemand erkennen kann, dann beginnt endlich die Jagd nach dem Täter, bei der Bogart merkwürdig

passiv bleibt. Die absurden Ungereimtheiten des Drehbuchs von Daves sind leider nicht einmal komisch, und unter seiner umständlichen Regie bleibt Bacall genauso blaß wie Bogart.
THE TREASURE OF THE SIERRA MADRE (1947) ist wahrscheinlich der am meisten überschätzte Film Bogarts. Als Goldsucher Fred C. Dobbs, dessen Gier ihn in mörderischen Wahnsinn treibt, wirkt er so unglaubwürdig wie selten. Hustons pompöse Regie zwängt die Figuren in ein Korsett überdeutlich betonter Motivationen, läßt ihnen nur selten eine Individualität jenseits der zu vermittelnden »message«. Nur Walter Huston, der Vater des Regisseurs, der den weisen alten Veteranen spielt, erliegt nicht dem sterilen Schematismus der Inszenierung. Ähnliches gilt auch für KEY LARGO (1947/48) von Huston, dem letzten gemeinsamen Film von Bogart und Bacall. Das theatralische Drama nach einem Bühnenstück von Maxwell Anderson erinnert stark an THE PETRIFIED FOREST, nur daß diesmal Edward G. Robinson Bogarts dankbare Gangsterrolle spielt. Die Handlung spielt in einem durch ein Unwetter von der Außenwelt abgeschnittenen Hotel in Florida außerhalb der Touristen-Saison. Dorthin hat sich der berühmte Gangster Rocco (Robinson) mit seiner Bande zurückgezogen. Er terrorisiert die Familie des Eigentümers (Lionel Barrymore). Bogart spielt einen ehemaligen Offizier namens Frank McCloud, der sich zunächst weigert, gegen Rocco anzutreten (»One Rocco more or less isn't worth dying for«), sich aber dann doch als Held erweist und Rocco in einem dramatischen Finale tötet.
KEY LARGO leidet an der klischeehaften Charakterisierung der Figuren. Der moralische Konflikt Bogarts spielt sich ausschließlich in bedeutungsschweren Dialogen ab: »I had hopes once for a world where there's no place for Johnny Rocco.« Bacall hat wenig zu tun als Lionel Barrymores Tochter, in die Bogart sich verliebt.

»Santana«

Mitte der Vierziger Jahre war Bogart der unbestrittene Superstar von Burbank. Und mehr denn je genoß er diesen Status in vollen Zügen: als Stammgast des feudalsten Hollywood-Restaurants »Romanoff's«, als Anführer einer trinkfreudigen Prominenten-Clique, zu der John Huston, Peter Lorre und,

etwas später, Frank Sinatra und David Niven gehörten. Auch der Privatmann Bogart gab sich als rebellischer Individualist: »I have color. I'm not on the beam. I'm not dull. I get loaded once in a while. I'm not Robert Taylor, definitely.«[26]
Bogarts nonkonformistisches Image fand seinen Ausdruck nicht zuletzt in politischen Aktivitäten. Anders als die meisten Stars dieser Jahre, die, wenn sie sich überhaupt eine Meinung leisteten, eisernen Konservatismus predigten (Gary Cooper,

Knock on Any Door

Robert Taylor, Clark Gable), war Bogart ein erklärter Liberaler. Als die Hexenjagd gegen vermeintliche und echte Linke in der amerikanischen Filmindustrie begann, schloß sich Bogart dem »Committee for the first amendment« an und nahm 1947 an einem Trip nach Washington teil, um gegen die verfassungswidrigen Umtriebe des »House Un-American Activities Committee« zu protestieren.
Doch in der Rolle des liberalen Agitators mochte das Publikum

den Helden von CASABLANCA nicht akzeptieren. Bogart machte angesichts der massiven negativen Reaktion auf seine politischen Ansichten rasch einen Rückzieher und versuchte mit einem Zeitungs-Artikel (»I'm No Communist«) alle Zweifel an seiner patriotischen Gesinnung zu zerstreuen. Dieses Manöver ist zweifellos weniger einem windigen Opportunismus zuzuschreiben als purem Selbsterhaltungstrieb: in der Epoche des Kalten Krieges duldete Hollywood keine ideologischen Abweichler.

Fünf Jahre später wurde Bogart dennoch wieder aktiv. Beim Präsidentschaftswahlkampf 1952 unterstützte er nach anfänglichem Zögern den liberalen demokratischen Kandidaten Adlai Stevenson, während die überwältigende Majorität des Hollywood-Establishments den republikanischen Kriegshelden Dwight D. Eisenhower favorisierte. Bogart konnte sich derartige gewagte Eskapaden eher erlauben als andere Stars: sie paßten zu seinem mit außerordentlicher Umsicht konstruierten Image als Einzelgänger, während sie die Karriere eines Cary Grant oder Bing Crosby binnen kurzer Zeit restlos zerstört hätten.

Auch beruflich zeigte sich Bogart auf seine Unabhängigkeit bedacht. Nach zwölf Jahren als »Contract Player« bei den Warner Brothers, nach endlosen Auseinandersetzungen mit Jack L. Warner über Rollen und Gagen, gründete er am 7. April 1948 unter der Anleitung seines Finanzberaters Morgan Maree eine eigene Produktionsgesellschaft, die »Santana«, so benannt nach Bogarts Segelboot. Die »Santana« vertrieb ihre Filme nicht mehr durch Warner Brothers, sondern durch Harry Cohns Columbia. Damit war der Bruch mit den Warners perfekt. Nach Bretaigne Windusts THE ENFORCER (1950), einem harten realistischen Kriminalfilm mit semidokumentarischem Touch, dessen Regie von manchen Historikern fälschlich Raoul Walsh zugeschrieben wird, verließ Bogart endgültig sein altes Studio und arbeitete als hochbezahlter »Freelancer«.

Von seiner eigenen Produktionsgesellschaft ließ sich Bogart pro Film 200- bis 300000 Dollar bezahlen. Die »Santana« produzierte vier Filme mit Bogart und beteiligte sich an der Finanzierung von zwei weiteren (THE AFRICAN QUEEN und BEAT THE DEVIL), die ohne Bogarts Hilfe nicht hätten fertiggestellt werden können.

Mit seiner ersten »Santana«-Produktion KNOCK ON ANY DOOR

(1948) gab Bogart dem jungen Regisseur Nicholas Ray eine Chance. Auch der dritte »Santana«-Film, IN A LONELY PLACE (1950), ein kommerzielles Desaster, entstand unter der Regie von Ray, bevor sich Bogart mit Richard Brooks einem weiteren unbekannten Nachwuchsregisseur verschrieb. Brooks, einer der Autoren von KEY LARGO, inszenierte die Bogart-Filme DEADLINE U.S.A. (1951) und BATTLE CIRCUS (1952). Bogarts Vorliebe für junge, noch nicht etablierte Regisseure läßt sich auf seine Erfahrungen mit John Huston bei THE MALTESE FALCON zurückführen. Hätte sich George Raft nicht geweigert, das Greenhorn Huston als Regisseur zu akzeptieren, wäre Bogart vielleicht nie ein Star geworden.

KNOCK ON ANY DOOR ist ein gesellschaftskritisches »Court Room Drama«. Bogart spielt den Rechtsanwalt Andrew Morton, der den des Mordes angeklagten Halbwüchsigen Nick Romano (John Derek) verteidigt. In zahlreichen Rückblenden wird Nicks harte Jugend in einem Slum-Viertel aufgerollt: sein Weg ins Verbrechen war vorgezeichnet durch seine Umwelt, die ihm keine andere Chance ließ. In einem großen Plädoyer umreißt Bogart den Zusammenhang zwischen Umwelt-Einflüssen und Kriminalität und kommt zu dem Schluß: »Wir sind alle schuldig ... Wenn er hingerichtet wird, sind wir alle die Mörder.«

Nick Romano muß auf den elektrischen Stuhl, auf seinem letzten Gang begleitet von dem Anwalt, der ihn nicht retten konnte. Ray vermeidet sentimentale Arabesken, konzentriert sich stattdessen auf eine präzise Milieubeschreibung. Bogart ist überzeugend als väterlicher Freund des jungen Mörders, verbirgt seine patriarchalischen Attitüden erfolgreich hinter pragmatischer Härte. Der fünfzigjährige Bogart fühlte sich dennoch offensichtlich zu alt, um die Rolle des Außenseiters – alle Kollegen raten ihm ab, Romanos Fall zu übernehmen – mit der gleichen romantischen Verve zu spielen wie fünf Jahre zuvor. In KNOCK ON ANY DOOR ist er glücklich verheiratet und spielt mit seiner Frau abends Schach.

Während KNOCK ON ANY DOOR nicht zuletzt ein Dokument von Bogarts politischem Liberalismus ist, so gilt die zweite »Santana«-Produktion, Stuart Heislers TOKYO JOE (1949), allgemein als schlechte Imitation von CASABLANCA mit einem fernöstlichen Hintergrund. Auch SIROCCO (1950/51), der letzte Film der »Santana«, führt Bogart zurück in das vertraute Terrain internationaler Intrige, diesmal als Waffenschmuggler 1925 im Na-

Sirocco

hen Osten. Zusammen mit Heislers CHAIN LIGHTNING (1949), in dem Bogart einen Testpiloten spielt, fallen TOKYO JOE und SIROCCO in die Kategorie ideenarmer Star-Vehikel, mit denen der Produzent Bogart auf raschen Profit hoffte, um interessantere Projekte finanzieren zu können.

Nicholas Rays IN A LONELY PLACE ist die ungewöhnlichste und ambitionierteste »Santana«-Produktion. Ohne die mimischen Exzesse von THE TWO MRS. CARROLLS und THE TREASURE OF THE SIERRA MADRE spielt Bogart zum drittenmal innerhalb von vier Jahren eine psychisch defekte Figur: den neurotischen, impulsiv gewalttätigen Drehbuchautor Dixon Steele, der in den Verdacht gerät, ein Mädchen ermordet zu haben. Der »einsame Ort« ist Hollywood, und Ray versteht es meisterhaft, eine

The Enforcer

düstere Atmosphäre voll latenter Dekadenz zu kreieren, in der sich die Personen wie in einem leisen Alptraum bewegen: gezeichnet von ihren Schwächen und endlosen Niederlagen. Bogarts Dixon Steele unterliegt seinen sadistischen Neigungen, ohne je als planer Psychopath denunziert zu werden. Die Bedrohung, die von der Figur ausgeht, liegt gerade darin begründet, daß Bogart ihre Ambivalenz ausspielt: das abrupte Schwanken zwischen eruptiven Ausbrüchen und dumpfer Reue. IN A LONELY PLACE präsentiert Bogart auf der Höhe seiner schauspielerischen Fähigkeiten, während er als paranoider Kapitän Queeg in Edward Dmytryks angestrengter Verfilmung von Herman Wouks THE CAINE MUTINY (1954) nurmehr eine verbissene Karikatur emotionaler Verwirrung liefert.

Die letzte Phase

THE AFRICAN QUEEN brachte Bogart 1951 endlich seinen »Oscar« ein, zur allgemeinen Überraschung Hollywoods, denn eigentlich hatte man den jungen Marlon Brando in Elia Kazans *A Streetcar Named Desire* als Gewinner erwartet. Mit THE AFRICAN QUEEN, unter abenteuerlichen Umständen »on location« in Belgisch-Kongo gedreht, beginnt die letzte Phase in Bogarts Karriere. Sie ist gekennzeichnet von einer fast hektischen Suche nach guten, seinem Alter angemessenen Rollen – 1954 drehte er vier Filme –, von Fluchtbewegungen nach Europa, wo er aus steuerlichen Gründen BEAT THE DEVIL und THE BAREFOOT CONTESSA drehte, von traurigen Entgleisungen wie SABRINA und THE LEFT HAND OF GOD und einem bemerkenswerten Finale mit dem symbolhaften Titel THE HARDER THEY FALL.

In THE AFRICAN QUEEN konfrontiert John Huston Bogarts komödiantische Vitalität als trinkfester Skipper Charlie Allnut mit Katharine Hepburns altjüngferlichem Charme als Missionsschwester Rose Sayer. Diese Mixtur erweist sich als ähnlich effektvoll wie das Zusammenspiel Spencer Tracys mit Miss Hepburn in *Woman of the Year, Adam's Rib, Pat and Mike* und anderen intimen Kleinkriegen.

Bogarts Charlie Allnut ist ein liebenswerter Saufbold, der sich mit augenzwinkernder Resignation von Katharine Hepburns puritanischer Zähigkeit einfangen läßt: ein stoppelbärtiger Kauz mit beklagenswerten Manieren, dessen attraktiv rauhe Schale bald als Folie eines nicht minder anziehenden weichen Kerns durchschaubar wird. Bogart spielt das mit bewundernswerter Selbstironie, als schelmenhaften Nekrolog auf seinen eigenen Mythos. Hustons Inszenierung indessen ist allzu clever auf den Beifall des Publikums aus, »a little too academically assembled, a little too sure of its emotional gambits, leaning too hard on comedy and sentimentality«[27].

Dem afrikanischen Abenteuer, das Bogart mit einem reichen Vorrat an regelmäßig eingeflogenen Spirituosen gut überstand, folgten, unter der Regie von Richard Brooks, zwei Beispiele von aktuellem Schlagzeilen-Kino nach der bewährten Art der Warner Brothers: In DEADLINE U.S.A. spielt Bogart den kämpferischen Chefredakteur einer Zeitung, die an einen rivalisierenden Konzern verkauft werden soll, in BATTLE CIRCUS (1952) ist er ein verbitterter Chirurg im Korea-Krieg, der kurzes Glück mit einer Krankenschwester (June Allyson) findet. DEADLINE U.S.A., ein progressiv gemeintes Plädoyer für die Pressefreiheit, leidet unter seiner schwerfälligen thesenhaften Konstruktion, BATTLE CIRCUS scheitert an der prätentiösen Banalität der Dialoge über die Schrecken des Krieges und an der Besetzung von Bogarts Partnerin mit June Allyson, einer atemberaubend langweiligen Schauspielerin.

Keineswegs langweilig gestaltete sich die Arbeit an dem letzten Huston-Bogart-Film BEAT THE DEVIL. Ursprünglich als eine Art Fortsetzung von THE MALTESE FALCON geplant, entwickelte sich das Projekt zu einer Satire, nachdem Bogart das ursprüngliche Drehbuch abgelehnt hatte. Während die Dreharbeiten in Italien bereits begannen, wurde eilends Truman Capote eingeflogen, um das Skript umzuarbeiten. Das Ergebnis war eine Komödie, von der Bogart meinte, nur Pseudo-Intellektuelle (»phonies«) könnten sie lustig finden. Die Handlung hat mit einem ausgesuchten Ensemble internationaler Gauner (Robert Morley, Peter Lorre, Marco Tulli, Gina Lollobrigida, Jennifer Jones) zu tun. Die gierigen Ganoven tricksen sich gegenseitig aus, während Bogart, der einen Charakter namens Billy Dannreuther spielt, dem chaotischen Treiben amüsiert zuschaut.

Nach der aufwendigen, sterilen THE CAINE MUTINY, die Bogart seine dritte »Oscar«-Nominierung einbrachte (diesmal gewann Marlon Brando in Kazans *On the Waterfront*), bot ihm Billy Wilder überraschend eine Rolle an, die ursprünglich für Cary Grant vorgesehen war: den pedantischen Multimillionär Linus Larrabee, der seinem lebensfrohen Bruder (William Holden) schließlich bei der reizenden Chauffeurstochter (Audrey Hepburn) den Rang abläuft. Bogart hat wenig zu tun in diesem Part, der ihn restlos langweilte. Einmal schießt er auf eine Kunststoffscheibe, um deren Unzerbrechlichkeit zu demonstrieren, dann produziert er sich, allerdings mit bemerkenswertem Stil und aristokratischer Finesse, als Liebhaber von Audrey Hepburn in einer verlassenen Tennishalle. Zum Schluß muß er sich sogar von Holden niederschlagen lassen.

Zwar bescheinigte »Newsweek« Wilders sanfter Komödie über die Irrungen und Wirrungen der kapitalistischen Klassen-Gesellschaft »a high content of merriment«, doch Bogart war anderer Meinung. Er nannte SABRINA schlicht »a crock of crap«. Mit Wilder kam er überhaupt nicht zurecht. Für ihn war der Regisseur »the kind of Prussian German with a riding-crop.

He's the type of director I don't like to work with. He works with the writer and excludes the actor. I didn't know what the end of the picture would be, as to who gets Sabrina. It irritated me so I went to work on him. I came in one morning and he gave me a two-page scene. I was not too impressed. ›Billy‹, I said, ›you got any kids?‹ ›I have a daughter two years old,‹ he said. ›Did she write this?‹ I said. One thing led to another . . .«[28]
Wilder rächte sich später, indem er Bogart einen Langeweiler (»a bore«) nannte, die schlimmste Beleidigung für den Anführer des »Holmsby Hills Rat Pack«, der nichts furchtbarer fand als Zeitgenossen, die ihn langweilten.
Über ihren anekdotischen Reiz hinaus belegen die Auseinandersetzungen während der Arbeit an SABRINA, daß Bogart zu dieser Zeit völlig unsicher war, welche Filme er für welche Regisseure machen sollte. Die Zusammenarbeit mit Wilder ist ein Zeichen tiefer Ratlosigkeit. Vielleicht brauchte Bogart die Disziplin eines Studio-Betriebs, an dem er sich reiben konnte. Der alternde Star, der sich nur von seiner Frau Lauren Bacall bei der Auswahl seiner Rollen beraten ließ, interessierte sich immer häufiger für Aufgaben, die jenseits seiner Fähigkeiten lagen.
Mehr Glück als mit Wilder hatte Bogart mit Joseph L. Mankiewicz, der ihn in THE BAREFOOT CONTESSA den Filmregisseur Harry Dawes spielen ließ, einen zynischen Alkoholiker, der in Europa ein Comeback versucht. Dawes läßt sich von einem glatten, skrupellosen Produzenten (Warren Stevens) anheuern, um aus der unbekannten spanischen Nachtclubtänzerin Maria Vargas (Ava Gardner) einen Star zu machen.
THE BAREFOOT CONTESSA beginnt mit dem Begräbnis von Maria Vargas. Bogart steht abseits von der Trauergemeinde im Regen. Sein durchnäßter Trenchcoat sieht aus wie die Uniform der einsamen Verlierer, die er so oft gespielt hatte. Und wiederum erweist sich Bogarts Zynismus als Schutzschild einer empfindsamen Seele. Der scheinbar so kaputte Harry Dawes begegnet Maria Vargas mit großer Loyalität, steht ihr väterlich besorgt bei, als ihre Ehe mit einem impotenten italienischen Grafen (Rossano Brazzi) einem letalen Ende zustrebt.
Wie schon in BEAT THE DEVIL steht Bogart nicht im Zentrum der Handlung, sondern bleibt als abgeklärter Chronist an deren Peripherie: fast schon ein Denkmal seiner selbst, ein Mann, der sich seines Alters nicht schämt, der mit souveräner Selbstver-

ständlichkeit eine Brille aus der Tasche zieht. THE BAREFOOT CONTESSA ist unter Bogarts späten Filmen der bewegendste. Mankiewicz beweist viel Verständnis und Feingefühl gegenüber seinem Star, umgibt ihn mit einer Aura natürlicher Würde und Reife, die ihn von den anderen Figuren abhebt. Die beste Rolle hat allerdings Edmond O'Brien als ewig schwitzender, palavernder und lavierender Publicity-Agent Oscar.[29]

The Barefoot Contessa

THE BAREFOOT CONTESSA war Bogarts dritter und letzter Film im Jahre 1954. Im folgenden Jahr drehte er vier Filme, einen davon fürs Fernsehen: Am 30. Mai 1955 sah ihn das amerikanische Publikum noch einmal als Duke Mantee in *The Petrified Forest.* Delbert Mann inszenierte die Fernsehfassung, Lauren Bacall und Henry Fonda spielten die Rollen von Bette Davis und Leslie Howard aus dem 20 Jahre zuvor entstandenen Film von Archie Mayo.

Auch Bogarts nächster Film führte ihn zurück in bessere Tage. Unter der Regie seines alten Freundes Michael Curtiz spielte er, wie in ihrem letzten gemeinsamen Film PASSAGE TO MARSEILLE (1943), einen von der Teufelsinsel entflohenen Sträfling: WE'RE NO ANGELS ist eine etwas grobschlächtige, aber durchaus unterhaltsame Komödie über drei schwere Jungen (Bogart, Peter Ustinov, Aldo Ray), die nach ihrer Flucht am Weihnachtsabend als Schutzengel einer bedrängten Krämer-Familie ihr gutes Herz entdecken. Bogart spielt mit sichtlicher Lust an der gutmütigen Posse ein verschmitztes Verkaufs- und Rechen-Genie, das sich perfekt auf die hohe Kunst der doppelten Buchführung versteht.

Edward Dmytryks THE LEFT HAND OF GOD bedeutete einen absoluten Tiefpunkt in der Karriere Bogarts. Als falscher Priester in

The Left Hand of God

China, der doch zum rechten Glauben findet, müht er sich in seiner peinlichsten Rolle seit THE TWO MRS. CARROLLS. Es ist bezeichnend für das geistige Klima der Ära Eisenhower, daß dieses fade Erbauungsstück ein beachtlicher kommerzieller Erfolg wurde. THE LEFT HAND OF GOD ist übrigens der einzige CinemaScope-Film, in dem Bogart je auftrat.

Einen Part, den der junge Paul Newman am Broadway gespielt hatte, übernahm Bogart in William Wylers THE DESPERATE HOURS. Mit der grimmigen Brutalität eines Duke Mantee bricht der entflohene Killer Glenn Griffin (Bogart), begleitet von zwei anderen Gangstern, in das wohlgeordnete Leben einer amerikanischen Durchschnittsfamilie ein. Er repräsentiert das absolute Böse, während der unauffällig heroische Vater (Fredric March) die bewahrende Kraft des Kleinbürgertums verkörpert.

Wie das gleichnamige Bühnenstück von Joseph Hayes ist auch Wylers Film ein ideologisch infames Law-and-Order-Epos. Immerhin gibt Bogart, wie Edward G. Robinson in dem thematisch ähnlichen und gleichermaßen theatralisch steif inszenierten KEY LARGO, seinem Part eine anarchische Vitalität, die die triste Botschaft vom Triumph der Banalität zumindest gelegentlich neutralisiert.

Seine letzte Rolle spielte Bogart 1955/56, bereits von seiner schweren Krankheit gezeichnet, in Mark Robsons THE HARDER THEY FALL, einem Nachtrag zu den großen Boxer-Filmen der späten Vierziger Jahre: Robert Rossens *Body and Soul* (1947), Robsons *Champion* (1949) und Robert Wises *The Set-Up* (1949). Bogart ist Eddie Willis, ein arbeitsloser Sportjournalist, der sich nach der resignativen Erkenntnis »Ein Mann über Vierzig muß an seine Zukunft denken« von dem skrupellosen Box-Manager Nick Benko (Rod Steiger in einer seiner forcierten »Actors-Studio«-Rollen) anheuern läßt. Aber wieder einmal erweist sich Bogarts Integrität als letztlich unzerstörbar. Als er merkt, wie übel seinem naiven argentinischen Schützling mitgespielt wird, steigt er aus dem Geschäft aus, verzichtet auf seinen Profit und schreibt eine Enthüllungs-Serie über die korrupte Welt des Profi-Boxens.

In THE HARDER THEY FALL entfaltet sich noch einmal der ungebrochene Bogart-Mythos: der Einzelkämpfer im Dickicht der Städte, jene unpathetisch heroische Märchen-Figur, die sich den Normen des Mittelstands zu unterwerfen weigert, deren zutiefst romantische Ritterlichkeit nicht von dieser Welt ist. Robson, der später nur noch mediokre Filme zustande brachte (zuletzt *Erdbeben,* 1974), schafft mit dem geradlinig erzählten Schwarz-Weiß-Film THE HARDER THEY FALL eine letzte überzeugende Plattform für Bogarts Kunst des kühlen Understatements fern aller larmoyanten Selbstgefälligkeit.

Die letzten Monate seines Lebens waren gezeichnet von einem vergeblichen Kampf gegen die Krankheit. Bogart litt an Kehlkopf-Krebs, aber bis zuletzt glaubte er an seine Genesung. Nur noch enge Freunde wie Spencer Tracy, Frank Sinatra und Judy Garland durften den furchtbar abgemagerten Bogart besuchen. Im März 1956 war er operiert worden, doch der Eingriff kam zu spät. Humphrey DeForest Bogart starb am 14. Januar 1957

The Harder They Fall

gegen zwei Uhr morgens. Am 17. Januar fand in der All Saint's Episcopal Church in Beverly Hills eine Trauerfeier statt, zu der unter anderen Marlene Dietrich, Katharine Hepburn, Gary Cooper, Dick Powell, Gregory Peck und Jack L. Warner erschienen. In den Studios der Warner Brothers und der Twen-

tieth Century-Fox wurde an diesem Tag eine Schweigeminute für den Toten eingelegt.
John Huston sagte in seiner Trauerrede: »His life, though, not a long one measured in years, was a rich, deep life. He got what he asked for out of life and more . . . He was endowed with the greatest gift a man can have, talent. He is quite irreplacable. There will never be another like him.«

1 Peter Bogdanovich: John Ford. Berkeley, 1968, S. 53
2 Bogdanovich, a.a.O., S. 52
3 Nathaniel Benchley: Humphrey Bogart. Boston/Toronto, 1975, S. 54
4 Benchley, a.a.O., S. 59
5 Vergleiche dazu: Jack L. Warner: My first 100 years in Hollywood. New York, 1964
6 Philip French: »The Movie Moguls«. London, 1969, S. 155
7 Vergleiche dazu die Autobiographie The Lonely Life von Bette Davis.
8 Ezra Goodman: Bogey: The Good-Bad Guy. New York, 1965, S. 203. Goodmans Buch basiert auf einer 1954 für »Time« recherchierten Titelgeschichte und enthält wertvolles Material aus eigener Erfahrung, während die Biographien von Hyams und Benchley Bogart mitunter unangemessen idolisieren.
9 Goodman, a.a.O., S. 31
10 Goodman, a.a.O., S. 200
11 Goodman, a.a.O., S. 42
12 Goodman, a.a.O., S. 118
13 Phil Hardy (Editor): Raoul Walsh. Edinburgh, 1974, S. 34
14 Benchley, a.a.O., S. 67
15 Joe Hyams: Bogie. New York, 1966, S. 58. Dieses Buch, eine recht unkritische Anekdoten-Sammlung, enthält ein Vorwort von Lauren Bacall.
16 Hyams, a.a.O., S. 65
17 Goodman, a.a.O., S. 202
18 Hans C. Blumenberg: Die Lange Nacht von CASABLANCA – Anatomie einer Kino-Legende. Fernseh-Dokumentation, WDR Köln, 1973
19 Zitiert nach den jährlichen Befragungen unter Kinobesitzern der amerikanischen Branchenzeitung »Motion Picture Herald«.
20 Goodman, a.a.O., S. 40
21 Sowohl Koch als auch die Epsteins behaupteten später, sie hätten CASABLANCA praktisch alleine geschrieben.
22 Howard Koch: CASABLANCA – Script and Legend. Woodstock, 1973, S. 221
23. Hans Magnus Enzensberger: Der kurze Sommer der Anarchie. Buenaventura Durrutis Leben und Tod. Frankfurt, 1972, S. 283
24 Joe Hyams: Bogart & Bacall. New York, 1975.
25 Joseph McBride (Ed.): Focus on Howard Hawks. Englewood Cliffs, 1972, S. 20.
26 Goodman, a.a.O., S. 24
27 Allen Eyles: Bogart. London, 1975, S. 105
28 Axel Madsen: Billy Wilder. London, 1968, S. 100
29 O'Brien bekam einen »Oscar« als »best supporting actor« für diese Rolle.

„DIE MASKE RUNTER" (Deadline-U.S.A.) mit HUMPHREY BOGART, ETHEL BARRYMORE, KIM HUNTER

Foto: 20th Century-Fox

Bogie in excelsis

Von Peter Bogdanovich

Er trug gewöhnlich einen Trenchcoat, nicht zugeknöpft, nur durch den Gürtel zusammengehalten, und einen schrägsitzenden Hut mit heruntergebogener Krempe. Manchmal waren es auch eine Kapitänsmütze und eine Segeljacke. Seine Hosen wurden fast immer durch einen Cowboy-Gürtel gehalten. Wie er daran kam, weiß man ja: ein Gürtel, den sich ein Oststaatler, der in Phönix auf ein Flugzeug wartet, nur so zum Scherz kauft und an dem er dann Gefallen findet. Gelegentlich hielt er seine bequemen Hosen damit zusammen, häufig steckte er die Daumen dahinter, die Hände bereit für einen Kampf oder eine Frau.

Ob in Sirocco oder Casablanca, auf Martinique oder in der Sahara, er war immer der einzige Amerikaner (mit Ausnahme vielleicht des Mädchens, mit dem er zu tun hatte), und man kam nicht auf die Idee, ihn zu fragen, wie er dorthin kam; er arbeitete immer allein – bis auf den Burschen, der glaubte, auf ihn aufzupassen, den Trunkenbold, den Klavierspieler, denjenigen, auf den er aufpaßte, denjenigen, mit dem man sich nicht an einen Tisch setzt. Es gab kaum etwas, was er nicht fertigbrachte, und wenn er in der Klemme war, konnte er alles: einem Mann eine Kugel aus dem Arm entfernen, einen Lastwagen, der nicht anspringen wollte, zum Fahren bringen. Er war ein ausgezeichneter Fahrer, der genau wußte, wie man in die Kurven gehen mußte oder wie er einen Kerl loswurde, der ihn verfolgte. Er konnte an Glasscherben riechen und sofort sagen, ob Gift in dem Glas gewesen war, oder er konnte in ein Zimmer gehen und wußte sofort, wo der Knopf war, mit dem man die Geheimtür öffnete. Am Steuer eines Bootes war er hinreißend.

Er hatte meist einen herben Gesichtsausdruck, und wenn er lächelte, bewegte er nur die Unterlippe. An der Oberlippe hatte er eine Narbe; sie war vielleicht der Grund dafür, daß er leicht lispelte. Wenn er etwas rauszukriegen versuchte, zog er sich nachdenklich am Ohrläppchen, und manchmal hatte er ein seltsames kleines Zucken um den Mund, gepaart mit einem

leichten Zwinkern der Augen. Seine Zigarette, eine Chesterfield, hielt er in der hohlen Hand. Es sah ganz so aus, als hielte er einen Revolver.
»Unsentimental« war der richtige Ausdruck für ihn. »Lassen Sie ihn, wo er ist«, könnte er zu einer Frau sagen, deren Mann gerade verwundet wurde, »ich will nicht, daß er meine ganzen Kissen vollblutet.« Und offen: »Ich mag Sie nicht. Ich mag Ihre Freunde nicht, und der Gedanke ist mir zuwider, daß sie mit Ihnen verheiratet ist.« Und konsequent: »Wenn dein Partner umgebracht worden ist, dann mußt du etwas unternehmen, gleichgültig, wie du über ihn gedacht hast. Er war dein Partner, und es ist deine Aufgabe, etwas zu unternehmen.«
Er war hart; er konnte einen mit einem Blick oder einem Gesichtsausdruck stoppen. »Nur zu, schlagen Sie *mich*«, sagte er, oder »Ganz recht, *versuchen* Sie es nur«, und in der Art, wie er das sagte, lag genau die richtige Mischung aus Bosheit, frohlockender Erwartung und dem Versprechen eines sicheren Verhängnisses. Er mochte es nicht, wenn man ihm Befehle gab. Oder Wohlwollen bezeugte. Es war besser, nicht allzu viel mit ihm herumzualbern.
Was Frauen betraf, so hatte er kaum Probleme mit ihnen, ausgenommen vielleicht das, sie sich vom Leib zu halten. Es waren die Frauen, die sagten, wenn er irgend etwas benötige, so brauche er nur zu pfeifen; er sagte ihnen so etwas nie. Er nannte sie zumeist »Engel«, und wenn er sie mochte, sagte er zu ihnen, sie seien »in Ordnung, wirklich in Ordnung«.
Welche Rolle er auch immer spielte, einen Reporter, einen Kneipenwirt, einen Gangster, einen Detektiv, einen Fischereifahrzeughalter, einen Staatsanwalt oder einen Rechtsanwalt, er war untadelig, ja manchmal ein richtiger Profi. Wenn jemand sagte: »Sie riskieren viel«, so war seine Antwort: »Dafür werde ich bezahlt.« Aber er nahm sich nie zu ernst. Als zum Beispiel ein Mädchen nach seinem Job fragte, beugte er sich in Verschwörermanier vor und sagte mit einem kaum merklichen Anflug eines Grinsens: »Ich bin Privatdetektiv und verfolge eine Spur.«
Selbst Kunst und Wissenschaft konnten ihm nicht imponieren; er hatte studiert, war aber gegenüber Intellektuellen stets ein wenig mißtrauisch. Als jemand Proust erwähnte, fragte er »Wer ist das?«, obgleich er es wußte.
Schließlich hatte er einen gewissen Argwohn gegenüber der

Mit Lauren Bacall in Rom

guten Sache. Er wollte dafür bezahlt werden, daß er etwas wagte. Er war ein Mensch, der sich sehr anstrengte, schlimm zu sein, weil er wußte, daß man es auf diese Weise in der Welt leichter hatte. Aber er schaffte es nie, weil er von Natur aus gut war, was offensichtlich seinen Ärger erregte. Fast immer verwandelte sich seine streitlustige Neutralität in widerstrebende Verantwortung. Aus »Ich riskiere für niemanden etwas« wurde: »Ich tauge nicht zur Großmut, aber es gehört nicht viel dazu, um zu sehen, daß die Probleme von drei kleinen Leuten in dieser verrückten Welt weniger zählen als ein Haufen Geld.« Wenn man ihn fragte »Was ist Ihr Interesse?«, antwortete er anfangs stets: »Mich um meine eigenen Angelegenheiten zu kümmern.« Aber wenn er dann am Ende gefragt wurde, warum er helfe und dabei sein eigenes Leben aufs Spiel setze, sagte er zum Beispiel: »Vielleicht, weil ich Sie mag. Vielleicht, weil ich sie nicht mag.« Natürlich sagte er immer »vielleicht«, weil er ja schließlich kein Trottel war, keine großen Reden schwang und nicht daran dachte, ein guter Kerl zu werden. Oder er führte eine Rationalisierung an: »Ich tue nur meine Arbeit.« Wir aber spürten den guten Kern in ihm. Wir wußten es besser.
Vor einigen Monaten wurde im New Yorker Theatre in Manhattan eine Retrospektive mit dreißig Humphrey Bogart-Filmen gezeigt. An dem Tag, an dem THE BIG SLEEP und TO HAVE AND HAVE NOT liefen, wurden alle Rekorde gebrochen. »Zweihundert Leute saßen auf dem Boden«, sagte Daniel Talbot, Besitzer der 830 Plätze umfassenden Aufführungsstätte und einer der beiden Produzenten von *Point of Order.* »Es ging wild zu. Ich mußte ein paar hundert Leute wegschicken. Und das Publikum! Als Bogie zum ersten Mal auftrat, applaudierten sie, und das war nur der Anfang. Jedesmal, wenn er auftrat, klatschten sie. Und wie sie lachten! Bogart ist jetzt eine große Sensation«, erklärte Talbot. »Das ist mehr als ein Kult. Es kommt noch etwas anderes hinzu. Er ist nicht bewußt gerissen, sondern er ist gerissen aufgrund eines Mangels. Man hat das Gefühl, daß er sich an die Regeln hält. Jeder, der einen anderen erpreßt oder reinlegt, verdient es, von Bogart umgebracht zu werden. Er ist auch sehr amerikanisch, und ich glaube, seine Popularität ist eine Reaktion darauf, daß zur Zeit ausländische Filme und überhaupt ausländische Sachen als schick gelten. In Bogart hat man das Porträt eines Patrioten, eines Mannes, der sich für die amerikanische Landschaft interessiert. Ich glaube, er ist ein

echter amerikanischer Held – existentieller als zum Beispiel Cooper, aber genauso amerikanisch, und besser in der Lage, mit der Gegenwart fertigzuwerden.« Talbot machte eine Pause und grinste. »Offen gestanden, ich schaue ihm gern bei der Arbeit zu. Er trifft die Leute herrlich.«

Die Franzosen haben eine intellektuellere, dabei nicht weniger herzliche Beziehung zu Bogart und der Legende, die er hinterließ. In Godards *A bout de souffle* starrt Belmondo mit rätselhaftem Gesichtsausdruck auf ein Photo von Bogart, und indem er langsam den Zigarettenrauch von sich bläst und sich mit dem Daumen über die Lippen streicht, murmelt er wehmütig »Bogie ...«, und man kann fast die Gedanken seines Regisseurs hören, deren Widerhall sich zum Beispiel in den Worten des späten André Bazin – wahrscheinlich Frankreichs bestem Filmkritiker – findet. »Bogart ist ein Mann mit einer Vergangenheit«, schrieb er 1957, einen Monat nach Bogarts Tod, in den *Cahiers du Cinéma.* »Wenn er im Film auftaucht, hat er bereits viel hinter sich; bitterer Sieger in seinem schrecklichen Kampf mit dem Engel, auf dem Gesicht den Schrecken über das, was er gesehen hat, den Schritt schwer von all dem, was er bei seinem zehnfachen Triumph über den Tod gelernt hat, wird er mit Gewißheit auch dieses Mal noch für uns überleben ... Der bogartsche Mensch ist nicht durch seine Verachtung gegenüber bürgerlichen Tugenden, durch seinen Mut oder seine Feigheit definiert, sondern zuallererst durch seine existentielle Reife, die das Leben nach und nach in eine hartnäckige Ironie auf Kosten des Todes verwandelt.« Natürlich gibt es bei den Franzosen auch eine elementare Beziehung. »Zuletzt«, schreibt Robert Lachenay in derselben Zeitschrift, »sehen wir Bogie ganz in Farbe, so wie er im wirklichen Leben war – wie er jede Nacht im Bett zu Betty Bacall war ... Danach liebte ich Bogart noch mehr ...«

Der Bogart-Kult setzte sich während der ganzen letzten Jahre in den Colleges überall in den Vereinigten Staaten fort. »Kürzlich traf ich einen Harvard-Dozenten«, erzählte der Schriftsteller Nathaniel Benchley, »der nur an zwei Dinge glaubte: an die Superiorität von Harvard und an die Unsterblichkeit von Humphrey Bogart.« Für das Brattle Theatre ist es Brauch geworden, jedesmal während der Zeit, in der in Cambridge die Examen stattfinden, ein Bogart-Filmfestival zu veranstalten. Manchmal werden gar nicht erst die Titel der einzelnen Filme aufgezählt; stattdessen wird draußen am Theater einfach ein großes Photo von ihm angebracht. Das scheint zu genügen. Man braucht nur einmal in den (im selben Gebäude befindlichen) Club Casablanca zu gehen und einen der Studenten zu fragen. »Bogart hat eine Kaltblütigkeit, die einen nicht losläßt«, wird er erzählen, »eine Andersheit, eine Freiheit«, und

Zu Hause

gleichzeitig wird er leugnen, daß es einen wirklichen Bogart-Kult gibt und darauf bestehen, daß er nur eben so erfrischend ist, so erfreulich anders als ihre akademische Welt. »Bei Bogart gibt es keine Heuchelei«, wird dann vielleicht ein anderer Student bemerken. »Er hat etwas Antieuropäisches und Proameri-

kanisches. Er hält nichts vom Europäischen. Sie wissen, was ich meine?« In dem Augenblick wird seine Freundin nicht länger an sich halten können. »Er ist so männlich!« wird sie herausplatzen. »Er ist so phantastisch hart!«
War er das? »Er machte sich oft über sich selber lustig«, sagte die Schriftstellerin Betty Comden. Raymond Massey erinnerte

Key Largo

sich an einen Vorfall, der sich während der Dreharbeiten zu dem Film ACTION IN THE NORTH ATLANTIC (1942/43) ereignet hatte. »Es war eine Szene, bei der unsere Doubles von der Kommandobrücke eines brennenden Tankers in das aufgrund des ausgelaufenen Öls in Flammen stehende Wasser springen mußten. Bogie sagte zu mir: ›Mein Double ist mutiger als deins.‹ Ich sagte, das stimme nicht, *mein* Double sei mutiger. Daraufhin schaute Bogie mich an und sagte: ›Tatsache ist, daß ich tapferer bin als du.‹ Ich sagte, das sei Blödsinn. Und das nächste, woran ich mich erinnere, ist, daß wir den verdammten Sprung selber machten.« Massey lachte in sich hinein. »Ich verbrannte mir die Hose und Bogie wurden die Brauen versengt.«

Oscar-Verleihung 1952

In den Augen von Joseph L. Mankiewicz, der in THE BAREFOOT CONTESSA (1954) Regie führte, war Bogarts Härte Fassade. »Wenn man mit ihm beim Essen saß«, sagte er, »und jemand näherte sich, konnte man richtig sehen, wie er den harten Burschen hervorkehrte.« Und Chester Morris meinte: »Seine Gleichgültigkeit war nur ein Schein, der ihn wie eine schützende Schale umgab. Er war nicht gleichgültig, sondern schauspielerte viel. Er liebte es, hart aufzutreten und aus dem Mundwinkel heraus zu reden.« Der Schriftsteller Nunnally Johnson äußerte, Bogart sei der Überzeugung gewesen, daß die Leute enttäuscht gewesen wären, wenn er ihnen gegenüber nicht

Härte gezeigt hätte. »Einmal kam während des Essens ein Fan an«, sagte Johnson, »und Bogie sagte ihm, er solle verschwinden. Als der Bursche an seinen Tisch zurückging, hörte ich seinen Freund begeistert sagen: ›Siehst du, ich habe dir ja gesagt, daß er dich beleidigen würde.‹« Johnson dachte einen Augenblick nach. »Aber er war wirklich ein ganzes Stück härter als ich und viel härter als die meisten Leute, die ich kenne. Ich erinnere mich, wie einmal Judy Garland und ihr Mann Sid Luft bei ihm zu Hause waren. Luft war ein kräftiger Boxertyp und ein ganzes Stück breiter als Bogart. Aber Bogie geriet über irgendetwas in Ärger und ging direkt auf Luft, der zudem noch einen guten Kopf größer war als er, zu und wies mit dem Kopf in Judys Richtung. ›Würden Sie diese Dame aus dem Haus bringen‹, sagte er, ›und nie mehr zurückkommen.‹ Luft sah ihn einen Augenblick lang an, dann verließ er mit ihr das Haus.« Johnson lächelte. »Bogie riskierte viel.«
Adlai Stevenson war allerdings ganz anderer Meinung. »In Wirklichkeit war er gar nicht hart«, sagte der Botschafter. »Für mich war er ein Nonkonformist. Er war zynisch, ohne daß es etwas Krankhaftes gehabt hätte. Er war sehr wißbegierig und hatte einen gesunden Skeptizismus.« Und schließlich noch eine weitere Meinung: »Man konnte sehr gut mit ihm auskommen«, sagte Lauren Bacall.
»Ich kam niemals richtig an ihn heran«, äußerte der Kritiker John McClain. »Ich glaube, es gab niemanden, der mit ihm richtig vertraut war. Bogart schüttete Männern gegenüber nie sein Herz aus. Er liebte es, verliebt und mit einer Frau zusammen zu sein. Ich glaube, mit Frauen kam er besser aus als mit allem sonst.« Bogart heiratete während seines siebenundfünfzigjährigen Lebens viermal, und zwar jedesmal eine Schauspielerin: Helen Menken (1926), Mary Phillips (1928), Mayo Methot (1938) und Lauren Bacall (1945). »Ich glaube, sobald er sich mit einer Person entzweit hatte, war es wirklich aus zwischen ihnen«, sagte Truman Capote zu Bogarts Ehescheidungen. »Er hatte starke emotionale Bindungen.«
Die Bogart-Methot-Ehe war sehr stürmisch. »Die Nachbarn«, so erzählte einmal Dorothy Parker, »wurden durch den Lärm zerbrechenden Porzellans und zerklirrenden Glases in den Schlaf gelullt.« Johnson erinnerte sich, daß Methot Bogart einmal beobachten ließ. »Sie war sehr eifersüchtig und felsenfest davon überzeugt, daß Bogart anderen Frauen nachstellte.

Bogart war aber niemals hinter Frauen her. Die einzigen Schwächen, die er hatte, waren, daß er gerne trank und sich gerne unterhielt.« Johnson lächelte. »Bogie kriegte bald spitz, daß ihn ein Bursche beschattete. Er rief die Detektei des Kerls an. ›Hier Humphrey Bogart‹, sagte er. ›Sie lassen mich von einem Mann beschatten. Würden Sie sich bitte mit ihm in Verbindung setzen und ihn fragen, wo ich gerade bin.‹«

Als Bogart zum erstenmal mit Betty Bacall zusammentraf, kam

Mit Sohn Stephen

sie gerade aus dem Büro des Regisseurs Howard Hawks. Sie hatte Probeaufnahmen für Hawks gemacht, der sie entdeckt hatte und die beiden in TO HAVE AND HAVE NOT (1944) zum erstenmal zusammen auftreten ließ. »Ich habe Ihre Probeaufnahmen gesehen«, sagte Bogart zu ihr. »Wir werden viel Spaß miteinander haben.« Mit Bacall hatte er seine einzigen Kinder: einen Jungen namens Steve – um den sie Bogart in jenem ersten Film bat – und ein Mädchen namens Leslie Howard, das nach dem Schauspieler benannt war, der darauf bestanden hatte, daß Bogart eine Rolle in der Verfilmung von THE PETRIFIED FOREST (1935) bekam, jenem Film, der seine eigentliche Filmschauspielerkarriere begründete. »Wenn sie nicht zusammen waren, vermißte er sie sehr«, erzählte Capote. »Er liebte sie. Er prahlte immer fürchterlich, aber er war monogam. Allerdings stimmt das nicht ganz – er verliebte sich in Bacall, als er noch mit Mayo verheiratet war.«

Mit Hund Harvey

Bogart drückte das so aus: »Ich bin ein Ein-Frauen-Mann, und das bin ich immer gewesen. Ich glaube, ich bin altmodisch. Vielleicht liebe ich darum auch altmodische Frauen, Frauen, die zu Hause bleiben und ›Roamin' in the Gloamin'‹ spielen. Sie geben einem Mann das Gefühl, er sei ein Mann, und sind darüber glücklich.«
Es wird häufig erzählt, daß Bogart ein starker Trinker war, aber Johnson ist anderer Meinung. »Ich glaube nicht, daß Bogie

soviel trank, wie er vorgab«, sagte er. »Oft, wenn ich bei ihm war und es klingelte, nahm er sein Glas in die Hand, bevor er die Tür öffnete. Wenn er soviel getrunken hätte, wie man annahm, hätte er nicht ein so guter Schauspieler sein können.«

Aber Bogart trank in der Tat. »Ich glaube, die Welt ist drei Drinks zurück«, pflegte er zu sagen, »und es ist höchste Zeit, daß sie das aufholt.« Einmal kauften er und ein Freund zwei riesige Pandabären aus Stoff und nahmen sie als ihre Partnerinnen mit ins El Marocco. Sie setzten sie in Stühle an einen Tisch für vier Personen, und als eine ehrgeizige junge Dame an ihren Tisch kam und Bogarts Bär berührte, schob er sie beiseite. »Ich bin ein glücklich verheirateter Mann«, sagte er, »berühren Sie nur ja nicht meinen Panda.« Die Frau klagte ihn wegen tätlicher Beleidigung an, und als er gefragt wurde, ob er um vier Uhr morgens betrunken gewesen wäre, antwortete er: »Sicher, ist das nicht jeder?« (Der Richter entschied, daß, da der Panda Mister Bogarts persönliches Eigentum sei, er ihn auch verteidigen dürfe.)

Aber Bogart mußte nicht erst trinken, damit es Ärger gab. »Er war ein arroganter Hund«, sagte Johnson und grinste. »Dieser Kult und alles, was damit zusammenhängt, ist sehr komisch. Als er noch lebte, haßten ihn genausoviele Leute wie ihn liebten. Er kam mir immer ein wenig wie ein Scaramuz vor.« Johnson lachte leise in sich hinein. »Was heißt das? ›Geboren mit der Gabe des Lachens und dem Gefühl, daß die Welt verrückt ist . . .‹ Er initiiert ein Geplänkel, setzt sich zurück und beobachtet, was sich daraus ergibt. Natürlich war fast immer etwas faul an dem Burschen, den er stichelte. Sticheln ist das falsche Wort – mit Haubitzen ging er auf ihn los. Der andere konnte das alles herunterspielen – aber das reichte nicht aus angesichts dieser Artillerie.«

Die Holmby Hills-Halunkenbande, die Bogart ins Leben rief und die mit ihm starb, entsprang seinem Widerwillen gegen Heuchelei. »Was ist ein Halunke?« fragte er einmal und erläuterte dann: »Wir haben keine Verfassung, keine Satzung, keine Statuten, aber wir erkennen einen Halunken sofort, wenn wir ihn sehen. In dieser Stadt gibt es nur sehr wenig Halunken. Ihr werdet vielleicht sagen, Halunken sind für Spätaufstehen und für große Saufereien. Wir sind gegen Spießer und gegen Langeweile und für jede Menge Spaß, und wir wollen richtige Halunken sein, was sehr wenig Leute sind – wenn du nur ein richtiger

Halunke bist, Junge! Unser Slogan heißt: ›Schade niemals einem Halunken.‹ Unser erster Grundsatz ist, daß es uns egal ist, wer uns schätzt, solange wir uns gegenseitig schätzen. Und wir schätzen uns sehr.«
John McClain erzählt von dem Yachtklub, zu dem Bogart gehörte, und von den Leuten, die für einen Sommer das neben diesem Klub liegende große Haus mieteten. Es waren Grafen, und zum Diner erschien man bei ihnen in Abendrobe. Die Mitglieder des Klubs (die niemals eingeladen wurden) pflegten über den Zaun zu spähen und bei den üppigen Festen zuzuschauen. Einmal war McClain zu einem Sonntagsdiner eingeladen worden, und er hatte gefragt, ob er Bogart mitbringen dürfte, da sie das Wochenende gemeinsam auf einer Yacht verbringen würden. Als sie landeten, erinnerte McClain Bogart daran, daß sie sich zum Essen umziehen müßten, und zog sich zurück, um sich fertigzumachen. Bogart ging in den Klub, um noch eine Kleinigkeit zu trinken. »Nach einer Weile«, erinnerte sich McClain, »verkündete Bogie allen im Klub: ›Liebe Freunde, die Grafen haben ein offenes Haus, und sie wünschen, daß ihr alle kommt.‹ Und Bogie ging in das Haus des Grafen, gefolgt von etwa dreißig Leuten, die alle Shorts, Sporthemden und schreckliche Turnschuhe trugen.« McClain lachte. »Es war eigentlich ziemlich lustig, aber damals war ich sehr wütend.«
»Er konnte auch schwer danebenhauen«, sagte Benchley. »Einmal stand ich im ›21‹ mit zwei Freunden an der Bar, als Bogie von seinem Tisch aufstand und zu uns herüberkam. ›Sind Sie ein Homosexueller?‹ fragte er den einen – genauso wie ich es hier wiederhole. Der Mann sah ihn ziemlich verblüfft an und sagte, er wüßte nicht, was ihn das anginge. ›Sind Sie einer?‹ fragte Bogie. ›Sagen Sie's schon, wir haben an dem Tisch eine Wette gemacht.‹ Der Mann sagte: ›Wenn Sie mich fragen: nein, ich bin keiner.‹ Ich glaube, Bogie spürte, daß das nicht in Ordnung war, was er da machte. Er wandte sich zu dem anderen und fragte ihn, ob er ein Homosexueller wäre. Der Mann verneinte. Da fragte er mich und ich verneinte ebenfalls, und darauf sagte er: ›Aber *ich* bin einer‹, und machte sich recht kleinlaut davon. Er wußte, daß er sich danebenbenommen hatte.«
Einige Wochen nach Bogarts Tod sagte Peter Ustinov in einer Rede: »Humphrey Bogart war eine außergewöhnliche Persönlichkeit auf einem Gebiet, wo Persönlichkeiten gewöhnlich

nicht außergewöhnlich sind. Einem Besucher gegenüber, der gerade frisch aus England angekommen war, legte er sich einen übertriebenen Oxforder Akzent zu und diskutierte die Zukunft des ›British Empah‹, als sei er borniert genug, sich für nichts sonst auf der weiten Welt zu interessieren. Er wollte den Neuankömmling durch Beleidigungen, die genauso scharfsinnig wie boshaft waren, aus seiner Selbstzufriedenheit aufrütteln ...

Beat the Devil

Man gewann ihn für sich, wenn man ihn gleich mit breitem amerikanischen Akzent angriff und ihm in Hinblick auf irgendeine finstere Intrige Komplizenschaft mit seiner bête noire, Senator McCarthy, vorwarf ... Es gehörte zur Eigenart dieses Mannes, daß er nur dann mit wirklicher Freude lachte, wenn man es ihm ordentlich heimgezahlt hatte.«
Als Illustration dazu läßt sich folgende Erzählung Capotes auffassen: »Der Wendepunkt in unserer Freundschaft – ihr Beginn eigentlich – ereignete sich während der Dreharbeiten zu BEAT THE DEVIL (1953). Bogie, John Huston und einige andere spiel-

ten dieses Spiel – Sie kennen es, wie nennt man es noch mal? –, man nimmt quer über einen Tisch die Hand des anderen und versucht, seinen Arm hinunterzustoßen. Ich bin in diesem Spiel zufällig sehr gut. Jedenfalls rief Bogie mir zu: ›He Caposy.‹ Ich erinnere mich genau: ›Caposy‹, rief er. Er sagte: ›Komm her, Caposy, wollen doch mal seh'n, wie du das machst.‹ Und ich ging zu ihm und drückte seinen Arm hinunter. Er sah mich an ... Er ist dermaßen mißtrauisch, daß er überzeugt war, Huston hätte mir den Kopf abgeschlagen und ihn auf einen anderen Körper genäht. ›Das wollen wir doch noch einmal sehen‹, sagte er. Und wieder drückte ich seinen Arm hinunter. ›Noch einmal‹, sagte er, und ich erwiderte, das würde ich nur tun, wenn wir um hundert Dollar wetteten. Das taten wir dann auch. Ich gewann wieder, und er gab mir das Geld. Dann kam er aber an und begann eine Art Ringkampf mit mir. So etwas machten sie öfter. Er bekam mich in die Zange, und ich sagte: ›Laß los‹, und er sagte: ›Laß los.‹ Ich sagte: ›Nun mach auch Schluß‹, und er sagte: ›Warum?‹ Ich sagte: ›Weil du mir weh tust.‹ Er hielt mich aber weiter fest. Da kriegte ich ein Bein hinter ihn, stieß zu und er stürzte. Er lag flach auf dem Hintern und sah zu mir herauf. Von da an waren wir Freunde.«
»Bogies Sticheleien waren genau kalkuliert«, erklärte Johnson. »Einmal war ich mit ihm und Betty bei Romanoffs zum Mittagessen eingeladen, und sie machte ihm heftige Vorwürfe wegen irgendeines Streits auf einer Party. Natürlich hatte er ihn provoziert. ›Eines Tages wird dich nochmal jemand verprügeln‹, sagte sie, und er erwiderte: ›Nein, das ist ja die Kunst dabei – die Dinge bis zu diesem Punkt zu treiben und sich dann herauszuwinden!‹«
1947 führte Bogart einen Marsch nach Washington an, um gegen die Untersuchungen des Ausschusses für unamerikanische Aktivitäten zu protestieren. Einige Leute bezeichneten ihn als Kommunisten. Das mochte er nicht. »Ich bin ein Amerikaner«, sagte er. Bogarts politisches Freidenkertum hielt man in Hollywood für gefährlich. 1952 setzte er sich aktiv für Stevenson als Präsident ein. »Er schien sich einen Dreck darum zu kümmern, was die Leute dachten oder sagten«, erinnerte sich Stevenson. »Es war in jenen Tagen wirklich gefährlich, Demokrat zu sein, und besonders, ein Anhänger von mir zu sein. Er verachtete jeden, der sich in einem freien Land rücksichtslos vordrängte.«

»Er war in keiner Hinsicht ein Extremist«, meinte Frau Bacall, »es sei denn darin, die Wahrheit zu sagen. Bogie war bewundernswürdig. Er sagte immer, was er dachte. ›Gottverdammmich‹, pflegte er zu sagen, ›wenn du die Wahrheit nicht hören willst, dann frag mich doch nicht.‹«
»Das stimmt«, sagte Johnson. »Er war immer offen und aufrichtig. Er sagte zum Beispiel oft: ›Worüber flüstern denn hier alle? Ich habe Krebs! – Aber um Himmels willen, das ist doch keine Geschlechtskrankheit.‹«

Während der Dreharbeiten zu *Dark Passage*

Bogart meinte, der einzige Sinn, den es hätte, viel Geld zu machen, läge darin, daß man dann »einem Bonzen sagen kann, er soll zur Hölle fahren«. Und weiter: »Ich habe gelernt, höflich und manierlich zu sein – so bin ich eben erzogen worden. Aber in diesem Leben, einem Leben wie in einem Goldfischglas, fällt es manchmal schwer, sich auch so zu benehmen.«
Seine Witwe glaubt, Bogart habe mehr als nur gute Manieren

gehabt. »Er war altmodisch und sehr romantisch. Und äußerst gefühlvoll. Er konnte weinen, wenn ein Hund starb. Sie hätten ihn auf unserer Hochzeit sehen sollen, wie ihm die Tränen über das Gesicht liefen. Er sagte mir, daß er anfinge, über die Bedeutung der Wörter nachzudenken. Dem Leben gegenüber war er hart und völlig kompromißlos, aber ich erinnere mich, wie er Steve im Kindergarten besuchte und, als er ihn an seinem kleinen Pult sitzen sah, zu weinen begann.«
Alistair Cooke traf mit den Bogarts bei der Wahlkampagne für

Dark Passage

Stevenson zusammen. Er erinnerte sich, wie er eines Nachmittags mit ihnen zusammenstieß und sagte, daß Stevenson natürlich nicht gewinnen würde. »›Was!‹ rief Bogie verblüfft. ›Er hat nicht die geringste Chance, fürchte ich‹, sagte ich zu ihm. ›Na, du Hurensohn‹, sagte Betty, ›das ist ja großartig, was du da sagst.‹ ›Seht mal‹, erwiderte ich, ›ich bin ein Reporter, und ihr seid die Leutnants.‹ Wir wetteten um zehn Dollar, und als

Stevenson die Wahl verlor, gab Bogart sie mir. Aber er hätte nicht gedacht, daß ich das Geld nehmen würde. Wissen Sie, was er gesagt hat? ›Das ist ein Teufel, wer gegen seine eigenen Prinzipien wettet.‹«
Zu dieser Eigenschaft Bogarts äußerte sich Cooke in einem Artikel, der in »The Atlantic Monthly« (Mai 1957) erschien. »Ein empfindlicher Mann, der merkte, daß die Welt korrupter

Rückkehr von Dreharbeiten zu *African Queen*

war, als er gedacht hatte ... er erfand den Bogart-Charakter und täuschte damit eine Welt, die nichts für Menschen übrighatte, die offensichtlich gut waren. Und er erreichte damit auch genau, was er wollte ... Er war fest entschlossen, sein Geheimnis zu wahren: das in unserer realistischen Welt fast schon anstößige Geheimnis, ein galanter Mann und ein Idealist zu sein.«

Andere Freunde stellten bei Bogart eine ähnliche Eigenschaft fest. Mankiewicz nannte es »eine Trauer über die conditio humana. Er hatte etwas vom achtzehnten Jahrhundert, von Alexander Pope. Ich glaube, er wäre ein ausgezeichneter Gatsby gewesen. Sein Leben spiegelte Gatsbys Gefühl wider, ein Außenseiter zu sein.« Stevenson fand, er habe »etwas Nachdenkliches gehabt, wie man es so oft bei denkenden Leuten findet. Er war viel tiefgründiger, als man denken könnte.« Und Capote nannte ihn »verloren«. »Das war seine hervorstechende einzigartige Eigenschaft – sie hatte fast etwas Pathetisches. Nicht, daß er je um Sympathie gebeten hätte – das lag ihm fern. Nur schien es mir immer, als sei er ständig einsam. Das gab ihm etwas Poetisches, meinen Sie nicht auch?«
Diese geheime Innenwelt Humphrey Bogarts spiegelte sich in seiner Leidenschaft für das Segeln und in seiner Liebe zu seinem Boot »Santana«, mit dem er – begleitet von ein paar Freunden – hinausfuhr, wann immer er konnte. Sie tranken gewöhnlich Drambuies und spielten Domino oder segelten nur einfach. Er hatte die Schule (auf deren Aufforderung hin) bereits mit siebzehn verlassen und war in die Kriegsmarine eingetreten und war so schon früh mit dem Meer vertraut geworden. Auf dem Truppentransporter Leviathan holte er sich jene Verwundung, die eine bleibende Narbe an seiner Oberlippe hinterließ. »Segeln«, meinte Capote, »das war der Teil von ihm, an den keiner herankam. Das war nichts Materialistisches. Es war eine Art innere Seele, ein fast mystisches Geheimnis.«
Wenn man der jährlich stattfindenden Umfrage des »Motion Picture Herald« nach den zehn berühmtesten Filmstars Glauben schenken darf, erreichte Bogart seine größte Popularität in den Jahren von 1943–1949, also während und unmittelbar nach dem Zweiten Weltkrieg. Dieses Phänomen erklärte Cooke folgendermaßen: »Er war . . . ein romantischer Held, der zu jeder Zeit außer der unsrigen undenkbar gewesen wäre. Als Hitler Drehbücher in Szene setzte, die brutaler und obszöner waren als alle Träume Nord-Chicagos oder der Warner Brothers, war Bogart der einzige mögliche Antagonist, der Aussichten hatte, ihn zu überlisten und zu überleben. Mit Ronald Colman, Leslie Howard oder anderen Kavalieren war damals nichts anzufangen; was man brauchte, war einer, der so raffiniert und gerissen war wie Goebbels. Bogart war genau der

harte Gentleman, den man brauchte, und zu seiner Ehre ist zu sagen, daß er am Ende des Films immer auf unserer Seite stand.«

Nichtsdestoweniger bekam er seinen Oscar erst 1952 (für THE AFRICAN QUEEN), und erst 1955 tauchte er wieder bei den obersten Zehn auf, gut ein Jahr vor seinem Tod.

Betty Comden: »Ich glaube nicht, daß dieser Kult irgendwie neu ist . . .«

Adolph Green: »Nein . . .«

Comden: »Bogart ist immer populär gewesen . . .«

Green: »Es gibt so wenig originelle Leute . . .«

Comden: »Bogarts Stil beruht auf einer spezifischen Welterfahrenheit . . .«

Green: »Er war weniger ein Schauspieler . . .«

Comden: ». . . als eine Persönlichkeit.«

Bogart stimmte dem zu: »Sicher bin ich das. Es hat fünfzehn Jahre gedauert, damit aus uns Persönlichkeiten wurden. Egal, was Gable und Cooper in einem Film machen, die Leute werden immer sagen: ›Oh, das ist der gute alte Clark.‹«

»Seine wichtigste grundlegende Eigenschaft«, sagte Ustinov, »war eine großartige Rauheit. Selbst wenn er ganz vornehm gekleidet war, hatte ich immer das Gefühl, ich könnte ein Streichholz an seinem Kinn anzünden . . . Er beherrschte seine Arbeit in- und auswendig, und dennoch hatte man unweigerlich das Gefühl, daß seine wirkliche Seele anderswo war, ein geheimnisvolles Suchinstrument, das an Türen klopfte, die er selber nicht kannte . . .«

Vielleicht ist es das, was Bogarts Bewunderer spüren. »Er hatte etwas, das bei jeder Rolle, die er spielte, spürbar wurde«, sagte Frau Bacall. »Ich glaube, er wird immer faszinierend sein – für diese Generation und für jede spätere. Er hatte etwas, das ihn befähigte, ganz er selbst zu sein, und das schimmerte in seiner ganzen Arbeit durch. Es gab da eine Reinheit, die erstaunt, wenn man an die Rollen denkt, die er spielte. Auch etwas Solides. Ich glaube, je älter wir werden, desto weniger sind wir von etwas überzeugt. Hier war aber einer, der an etwas glaubte.«

»Wie alle wirklich großen Stars«, meinte der Regisseur George Cukor, »hatte er ein Geheimnis. Man lernte ihn nie ganz kennen. Er besaß auch eine Kühnheit des Geistes, eine Freiheit des Denkens – ein Pirat. Ich glaube, diese jungen Leute haben ihn

nicht gesehen«, fuhr er fort und versuchte, den Bogart-Kult zu erklären. »Sie entdecken ihn einfach wieder. Schließlich war Bogie erstklassig.«
»Der durchschnittliche Student würde sich eher mit Bogart identifizieren als zum Beispiel mit Sinatra, meinen Sie nicht auch?« sagte Mankiewicz. »Er hatte eine eher intellektuelle

The Big Sleep

Respektlosigkeit gegenüber Autoritäten. Ich glaube auch nicht, daß es je jemanden gab, der wirklich glaubte, Bogart sei ein Gangster – und das ist es, was die Leute fasziniert. Bogart erschreckte sie nie.«
»Es ist eine zornige Jugend«, sagte Cluster Morris. »Sie bringen Heiterkeit in die bedrückende Gegenwart. Alles soll nonkonformistisch sein. Sie würden auch gern all das tun, was er tat. Er war ein Vorläufer von James Bond.« Benchley: »Er ist ein Held, ohne ein netter Junge zu sein.«
»Konnte es einfach Sexappeal sein?« fragte sich Cooke. »Er

besaß das Image einer intellektuellen Männlichkeit und wußte es außerordentlich gut zur Geltung zu bringen. Und mit welchem Humor. Zuletzt hatte er einen Stil erreicht, der nicht veraltet, der unvergänglich ist. Wie Billie Holliday.«
»Ich glaube, Robin Hood hat immer etwas sehr Anziehendes«, meinte Adlai Stevenson.
Bevor man jemandem schmeichelt, muß es etwas geben, weswegen man ihm schmeichelt. Und das muß erzeugt werden. »Wenn ein Gesicht wie das von Ingrid Bergman einen anschaut, als sei man bewunderungswürdig«, sagte Bogart einmal, »dann blickt einen jeder so an. Dann braucht man nicht mehr viel zu schauspielern.« Der verstorbene Raymond Chandler war darin anderer Meinung: »Alles, was Bogart tun muß, um eine Szene zu beherrschen, ist, daß er auftritt.« Das war offensichtlich nicht immer der Fall. 1922, als er eine seiner ersten Schauspielerrollen spielte, schrieb Alexander Woollcott in seiner Besprechung über ihn: »Seine Darstellungskunst könnte man gnädig als inadäquat bezeichnen.« Aber bereits zwei Jahre später schrieb derselbe Woollcott anläßlich einer anderen Aufführung: »Mister Bogart ist ein junger Schauspieler, über dessen letztes Auftreten von Ihrem Berichterstatter mit so verächtlichen Worten berichtet wurde, daß man sich wundert, wieso er immer noch auftritt. Jene Worte sollen hiermit als zurückgenommen gelten.« Es ist bezeichnend, daß Bogart häufig die erste Kritik zitierte, niemals aber die zweite.
»›Nun, ich bin eine nationale Institution‹, pflegte er zu sagen. Er war«, so erinnerte sich Capote, »sehr stolz auf seinen Erfolg und seinen Ruhm. Seine Schauspielerei nahm er aber immer sehr ernst. Sie war für ihn ein Beruf, der ihn sehr interessierte und über den er etwas wußte. Letzten Endes stellte die Schauspielerei fast die Summe seines Lebens dar. Zum Schluß war Bogart wirklich ein Künstler, und zwar einer, der sehr streng mit sich war. Alle Gesten und Expressionen wurden immer stärker von allem Überflüssigen befreit. Einmal sah ich mir mit ihm zusammen THE MALTESE FALCON an, und während er dasaß, brummte er mit seiner rauhen Stimme vor sich hin und kritisierte sich in der dritten Person. ›Nun kommt er rein‹, sagte er. ›Dann macht er das, und das ist die Stelle, wo er etwas Falsches tut.‹ Wenn er schwieg, schloß ich daraus, daß er die betreffenden Passagen mochte. Es war ein Selbstlob durch Schweigen.«
Howard Hawks führte die Regie in den beiden Filmen, in denen

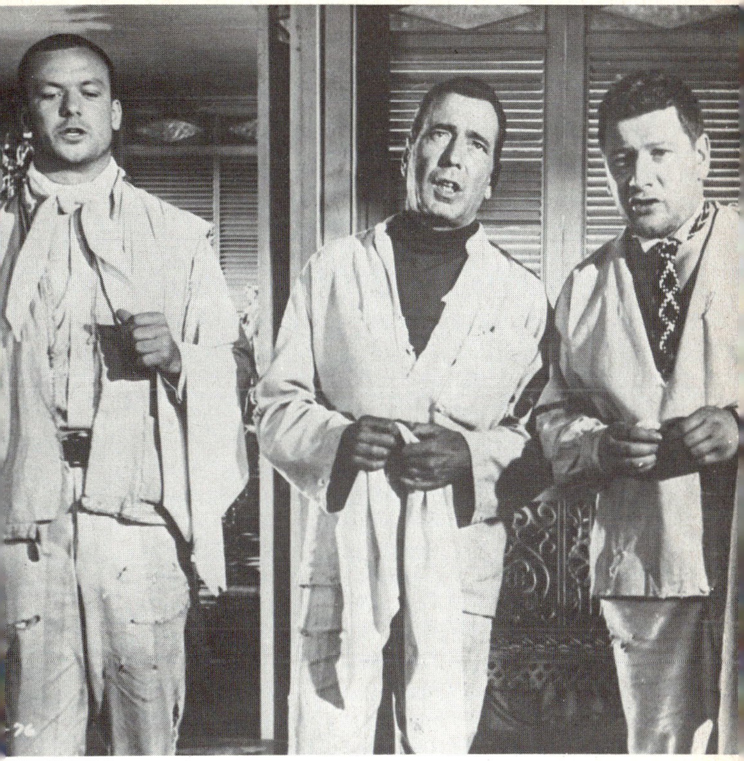

We're No Angels

Bogart seine beiden archetypischsten Rollen spielte, und zwar als Harry (Steve) Morgan in TO HAVE AND HAVE NOT und als Philip Marlowe in THE BIG SLEEP (1946). »Man konnte mit ihm außerordentlich gut zusammenarbeiten«, sagte Hawks. »Er wurde als Schauspieler wirklich unterschätzt. Ohne seine Hilfe hätte ich mit Bacall niemals das tun können, was ich dann mit ihr machte. Es gibt nicht viele Schauspieler, die dasitzen und warten, während ihnen ein Mädchen einen Auftritt stiehlt. Aber er verliebte sich in das Mädchen und das Mädchen sich in ihn, und dadurch wurde alles einfach.«

Bogart pflegte zu sagen, daß die Zuschauer immer einen kleinen Vorsprung vor dem Schauspieler hätten. »Wenn ein Kerl mit dem Revolver auf dich zielt«, erklärte er, »dann weiß das Publikum, daß du Angst hast. Du brauchst keine Gesichter zu schneiden. Du mußt nur überzeugt davon sein, daß du die Person bist, die du spielst, und daß das, was geschieht, dir geschieht.«

Ustinov spielte einmal mit Bogart zusammen in einer Komödie mit dem Titel WE 'RE NO ANGELS (1954/55). »Bogarts Auftreten war immer großartig«, sagte er. »In seinen Augen glänzte stets ein kämpferischer Funke. Er suchte nach jemandem, der ihm ebenbürtig war, der ihn herausforderte. Ein munteres und streitsüchtiges Auge starrte aus der Person, die er spielte, auf die Person, die ich spielte – wie wenn ein erfahrener Stierkämpfer einen ungestümen Stier anstarrt, damit er endlich vorwärtsstürmt.«

»Wenn der schwere Junge, beladen mit Verbrechen und voller Bitterkeit, nach seinen Wunden faßt«, sagte Bogart, »und mit rauher Stimme über den Tod und die auf ihm lastenden Bürden spricht, dann gehört das Publikum ihm und ihm ganz allein.«

Dieses Gefühl, das er bei seinem Kinopublikum so gezielt hervorzurufen verstand, wurde ironischerweise zu einer Realität. Sein Tod war schrecklich und herzzerreißend. Er starb am 14. Januar 1957 an Speiseröhrenkrebs, nachdem er sich über ein Jahr mit dieser Krankheit herumgequält hatte. »Heutzutage«, sagte er, »sitze ich einfach rum und spreche mit meinen Freunden, den Menschen, die ich mag.« Und genauso war es.

»Kurz vor seinem Tod besuchte ich ihn«, sagte Botschafter Stevenson. »Er war sehr krank und sehr schwach, aber er versuchte tapfer, fröhlich zu sein. Er duldete keine Schwäche und keine Krankheiten.«

»Ich ging einige Male zu ihm«, sagte Capote. »Die meisten seiner Freunde besuchten ihn, manche fast jeden Tag, wie zum Beispiel Sinatra. Einige waren sehr treu. Er schien bei allen ihre besten Seiten ans Licht zu bringen. Er sah schrecklich aus, furchtbar dünn. Seine Augen waren riesig und blickten erschrocken. Sie wurden immer größer. Es war richtige Angst, und dennoch war da immer sein fröhliches, tapferes Ich. Er wurde immer mit dem Aufzug nach unten gebracht, und dort saß er dann und wartete Tag für Tag auf seinen Martini. Es waren ihm, glaube ich, nur ein oder zwei Gläser erlaubt. Und so fanden wir ihn gewöhnlich vor: rauchend und Martini schlürfend.«

Während dieser Zeit verließ seine Frau kaum das Haus, obgleich ihre Freunde und Bogart selber sie baten, häufiger auszugehen. Als einmal jemand fragte, warum sie in zehn Monaten nur sechs- oder siebenmal ausgegangen sei, antwortete Bogart: »Sie ist meine Frau und meine Krankenschwester. Deshalb bleibt sie eben zu Hause. Vielleicht sollten Sie das einmal den Damen dieser Stadt sagen.«

Mit Lauren und Stephen

»Er erlitt die schlimmsten und quälendsten Schmerzen, die ein Mensch ertragen kann«, sagte Dr. Maynard Brandsma. »Ich wußte das, und wenn ich ihn besuchte und ihn fragte, wie es ihm ging, antwortete Bogie immer einfach: ›Es ist ganz schön rauh.‹ Niemals klagte oder wimmerte er. Ich wußte, daß er sterben würde, und während der letzten Wochen wußte ich, daß er es auch wußte.«
»Ich sah ihn dreiundzwanzig Tage vor seinem Tod«, sagte Cukor. »Er konnte nicht mehr herunterkommen, und er war durch die starken schmerzstillenden Mittel sehr erschöpft. Er hielt seine Augen geschlossen. Dennoch erzählte er Witze und bat darum, daß man ihm den täglichen Klatsch erzählte. Aber seine Stimme war ein Wunder. Diese wunderbare Stimme. Sie hatte ihre volle Kraft. Sie war das letzte, was starb.«
Er starb in den frühen Morgenstunden, und noch an demselben Tage brachten die Zeitungen die Nachricht von seinem Tod. Die meisten Berichte glichen sich. Nur wenige drückten sich folgendermaßen aus: »Gewöhnlich küßte er seine Frau Lauren Bacall und sagte ›Gute Nacht‹. Dieses Mal aber, so berichtete Dr. Michael Flynn, legte er seine Hand auf ihren Arm und murmelte in seiner vertrauten freimütigen Art ›Good bye, kid.‹«
Ob es wirklich so war oder nicht, ist unwichtig. Bogart, der Mensch, und Bogart, der Held, sind heute so sehr miteinander verschmolzen, daß keiner den Unterschied zwischen den beiden nennen könnte, wenn es überhaupt je einen gegeben hat. Er ging für sein Publikum durch fünfundsiebzig Filmnächte, und nun war es zu spät, die Vorstellung, die man von ihm hatte, die Legende, die nun erst wirklich begonnen hatte, zu ändern.

Bogdanovichs Essay ist dem Band Pieces of Time, New York (Arbor House) 1973, entnommen und erschien zuerst in Esquire, im September 1964. Übersetzung: R. und R. Wiggershaus

Bum

Von Truman Capote

Wenn man genau auf das Vokabular eines Menschen achtet, wird man feststellen, daß bestimmte Schlüsselwörter immer wieder auftauchen. Bei Bogart, dessen sarkastischer Privatwortschatz, überschlägig betrachtet, kaum druckfähig ist, waren »Bum« (miese Type, Niete) und »Professional« (Könner, feiner Kerl) zwei verbale Hinweisschilder dieser Art. Ein

High Sierra

äußerst moralischer – mit etwas Übertreibung könnte man fast sagen »prüder« – Mann, benutzte er »Professional« als Platinorden, mit dem er Leute auszeichnete, deren Verhalten er billigte; »Bum«, das genaue Gegenteil freundschaftlicher Zuwendung, drückte, von ihm ausgesprochen, ein fast an Beleidigung grenzendes Mißfallen aus. »Mein alter Herr«, bemerkte er einmal über seinen Vater, der ein angesehener New Yorker Arzt gewesen war, »starb mit zehntausend Dollar Schulden, und ich mußte jeden Cent davon zurückzahlen. Ein Kerl, der seine Frau und seine Kinder unversorgt zurückläßt, ist ein Bum.« Bums waren auch Kerle, die ihre Frauen betrogen, die die Steuer betrogen, sowie alle Jammerlappen, Schwätzer, die meisten Politiker, die meisten Schriftsteller, Frauen, die tranken, Frauen, die auf Männer, die tranken, herabsahen; aber der Bum reinsten Wassers war der Bursche, der sich vor seiner Arbeit drückte, der nicht ein penibel korrekter Professional in seinem Beruf war. Er selbst war es, weiß Gott. Egal, ob er bis zum Morgengrauen Poker spielte und einen Brandy zum Frühstück heruntergoß: immer war er pünktlich auf der Szene, fertig geschminkt und mit wörtlich gelernter Rolle (der stets gleichen Rolle, zugegeben, aber es gibt nichts Schwierigeres, als Wiederholung immer wieder interessant zu machen). Nein, bei Bogart gab es nicht die Spur irgendwelcher Bum-Allüren; er war ein Schauspieler ohne Theorien (na schön, mit einer: daß ihm hohe Gagen zustünden); ohne Launen, aber nicht ohne Temperament; und weil er begriff, daß Disziplin für künstlerisches Sichbehaupten unerläßlich ist, behauptete er sich, hinterließ er seine Spur.

Truman Capotes Bemerkung ist dem von Ingeborg Müller übersetzten Buch *Wenn die Hunde bellen* entnommen, das Essays und kleine Prosa des Autors enthält und 1974 im Limes-Verlag, Wiesbaden und München erschienen ist.

Porträt

Von François Truffaut

Das letzte Bild von Bogart zeigt ihn vor der Schreibmaschine sitzend, am Ende von THE HARDER THEY FALL, wie er dabei ist, sein Geständnis abzufassen. Besser als diese letzte Rolle, in der er durch Mark Robson schwach geführt wurde, behalten wir die des Filmregisseurs in THE BAREFOOT CONTESSA im Gedächtnis. Bei der Beerdigung von Ava Gardner steht er da im Regen, im Trenchcoat, und bevor er den Friedhof verläßt, sagt er: »Morgen scheint die Sonne; wir werden arbeiten können.« In der BAREFOOT CONTESSA spielte Bogart genau die Rolle von Joseph Mankiewicz.
Humphrey Bogart hat sich immer einen Spaß daraus gemacht zu erzählen, er sei am Weihnachtstag eines Jahres geboren, in dem alle Tage Weihnachten war: 1900. Humphrey war der Familienname seiner Mutter, die Schauspielerin war; er wählte ihn zu seinem Vornamen. Schlechter Schüler, schlechter Seemann, schlechter Ehemann, wartete er darauf, daß der Film aus ihm den Besten in allen Stücken machte.
Als zum erstenmal in der Zeitung von ihm die Rede war, hieß es anläßlich eines Stücks, in dem er eine kleine Rolle spielte: »Das freundlichste, was man sagen kann, ist, daß dieser Schauspieler eine Fehlbesetzung ist.« Humphrey war versteinert, und genau zu der Zeit ließ Leslie Howard ihn an seiner Seite in THE PETRIFIED FOREST spielen, zuerst auf der Bühne, dann im Film. Es folgten an die dreißig Thriller, in denen Bogart kleinere Schurkenrollen spielte, deren Funktion es war, die Vorzüge von Helden wie Victor McLaglen, Spencer Tracy, Edward G. Robinson, James Cagney, George Raft oder auch Paul Muni zur Geltung zu bringen. Nach der Hollywood-Tradition kann ein durch Gangsterrollen berühmt gewordener Schauspieler in der Hierarchie nur dadurch aufsteigen, daß er das Feld wechselt: der Killer wird Bulle und sieht seine Gage verzehnfacht. Im Film wohlgemerkt, und das Schicksal Vidocqs zum Beispiel illustriert ziemlich genau diesen bitteren Aufstieg.
Von 1936 bis 1940 schläft Humphrey Bogart im Stehen, indem er in entsprechend langweiligen Filmen mitwirkt. Am 1. Januar

Treasure of the Sierra Madre

The Desperate H

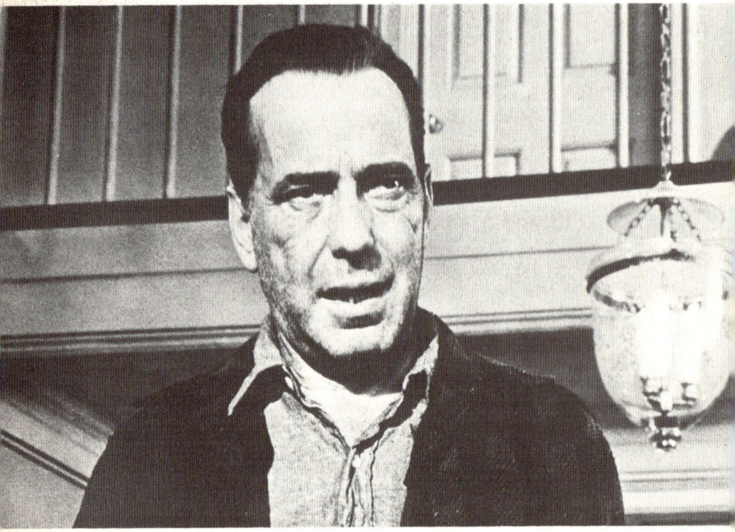

The Return of Dr. X

The African Queen

1941 ergreift er mit beiden Armen und festen Lippen seine Chance: Leib und Mund von Ida Lupino. Den ersteren umarmt er, den letzteren küßt er. Es handelte sich um HIGH SIERRA, einen der besten Raoul Walsh-Filme, nach einem Drehbuch von John Huston . . . und in einer Rolle, die James Cagney abgelehnt hatte.

Etwas später ist John Huston soweit, seinen ersten Film zu drehen: THE MALTESE FALCON. Als Darsteller für Sam Spade, die schöne Figur von Hammett, denkt er sofort an . . . George Raft, der absagt zum Nutzen von Bogart, der zusagt, den falschen Falken zu suchen. Der echte, wenn es ihn gibt, fliegt immer noch. Der Bandit ist zum Privatdetektiv geworden, mit Polizeiausweis in der Tasche, ohne den man ihn verwechseln könnte. Er hat das Kap des Killens hinter sich und zieht Bilanz: in weniger als vierzig Filmen stirbt er ein Dutzend Mal auf dem elektrischen Stuhl und kassiert mehr als 800 Jahre Zet. Vormals sprach nur seine Luger, jetzt spricht er selber, und was sagt er? Meine Damen, ich bin einssiebenundsiebzig groß und wiege siebenundsiebzig Kilo. Meine Haare sind braun und kastanienfarben die Augen. Meine erste Ehe hat nur achtzehn Monate (zu lange) gedauert und die zweite acht Jahre (zu lange), und man ertappt mich nicht mehr dabei bis zum nächsten Mal.

Laufen und Reden, Reden und Laufen ist jetzt sein neuer Job. Wenn er durch die Straßen geht, berührt er mit der Hand alles, was in seiner Reichweite ist. So werden ein Hydrant, ein Treppengeländer, der Kopf eines Jungen zu Richtzeichen auf seinem Wege. Bogart paßt sich großartig ans Leben an; er klebt daran. Dann konstruiert er seine Figur. Er lernt, sich ins Ohr zu kneifen, um Verwunderung auszudrücken. Sie glauben, er poliert sich die Nägel an seinem Jackettaufschlag? Schauen Sie genau hin, und Sie sehen den Arm losschnellen und einen Volltreffer auf der Birne landen. »Bring deinem Boss diese Nachricht.« Ich habe es Ihnen ja gesagt, daß man Abstand bei ihm halten muß!

Die besten Szenaristen und Dialogschreiber haben ihre besten Szenarios und ihre besten Dialoge nach Maß für ihn geschrieben. Man kann also vom »geschriebenen Werk« Humphrey Bogarts sprechen. »Hallo, Süße? Ideal wäre eine Frau, die auf zehn Zentimeter Größe zusammenschrumpfen könnte: man könnte sie in die Tasche stecken.« Oder: »Ich habe selten so viele Revolver für so wenig Hirn gesehen.«

The Caine Mutiny

Haben Sie seinem Tod in THE BIG SHOT von Stuart Heisler beigewohnt? Er will sich der Justiz stellen, und es geht für ihn darum, die Streifenpolizisten abzuschütteln und vor ihnen beim Gefängnis anzukommen. Er siegt bei dieser paradoxen Rallaye, und sterbend spricht er vor dem Gefängnisdirektor die Worte aus, die die Unschuld des jungen Burschen erhärten, der nichts Böses getan hatte: »Heiratet und kriegt Kinder wie in den Büchern!« Der Gefängnisdirektor bietet ihm eine Zigarette an: »Rauchen Sie immer noch dasselbe Kraut?«

Aber Bogart hat auch seriösere und nicht weniger dramatische Rollen gespielt. So die des nicht korrumpierbaren Journalisten in DEADLINE U.S.A., den Richard Brooks in italienischer Manier in den Büros der »New York Daily News« drehte mit den Setzern als Statisten. In diesem Film gibt es keinen Schwindel und keine Musik; nur die Geräusche der Rotationsmaschinen,

der Telefone und Schreibmaschinen. Ein weiterer Richard Brooks: BATTLE CIRCUS, verkannt unter den verkannten Filmen, bot ihm eine seiner schönsten Rollen: die eines Militärarztes, der gern June Allyson lieben möchte, ohne gezwungen zu sein, sich zum Standesbeamten schleifen zu lassen.
Eines Tages entdeckt Frau Howard Hawks, die Frau des intelligentesten amerikanischen Regisseurs, auf dem Titelblatt einer Illustrierten ein schönes Mädchen mit verträumten Augen: es ist der zukünftige »The Look«, Lauren Bacall, die alsbald die Bekanntschaft von Howard Hawks, dann von Bogart macht. Während sie THE BIG SLEEP vorschützen, erwacht ihre Liebe zueinander und entschließen sie sich, fürs Leben zusammen zu schlafen. Bei dieser Begegnung wurde Don Juan schachmatt gesetzt durch einen Blick. THE BIG SLEEP ist der Film der Liebe auf den ersten Blick, TO HAVE AND HAVE NOT ist der der Hochzeit und des versammelten Arsenals von Bogart: Hut, Luger, Zigarette und Telefon werden um das Requisit Betty bereichert. Sie heiraten bei Louis Bromfield und kaufen im Benedick Canyon die Ranch von Thomas Ince, die noch imprägniert ist vom Parfüm Hedy Lamarrs, die hier lebte. Ihre Yacht heißt »Santana«, und Bogart wartet nicht lange, eine eigene Produktionsfirma zu gründen: die Santana, bei der Nicholas Ray seine ersten Meisterstücke macht: KNOCK ON ANY DOOR, IN A LONELY PLACE. Nicholas Ray ist es auch, der aus Bogart definitiv einen eloquenten Helden macht, mehr und Besseres als einen Schauspieler: einen Charakter, dessen Beschreibung ich versuchen will. Frisch rasiert, aber schon wieder bärtig, die Brauen zu den Schläfen hin abfallend, mit halbgeschlossenen Lidern, eine Hand nach vorn gestreckt, bereit, Schuld oder Unschuld nachzuweisen, durchmißt Humphrey Bogart von Film zu Film in der Länge und Breite den Gerichtshof des Lebens, im rhythmischen Takt der Akkorde von Max Steiner. Er bleibt stehen, spreizt maßvoll bequem die Beine ab, knöpft seine Jacke auf, steckt die Daumen in den Gürtel seiner Hose und beginnt zu sprechen. Jeder Satzanfang enthüllt eine unregelmäßige Zahnreihe. Seine abgerissene Diktion bevorzugt den Vokal A und den Konsonanten K. Es ist bekannt, zu welcher Ansehnlichkeit es das Wort »racket« in seinem Munde gebracht hat. Das Zucken seines Kiefers erinnert unwiderstehlich an das Grinsen eines fröhlichen Kadavers, den letzten Ausdruck eines Menschen, der im Begriff ist, lächelnd zu sterben.

Und es war auch das Lächeln des Todes. Ein paar Wochen vor seinem Tod – er hatte achtzehn Kilo verloren – feixte er: »Ich gehe nicht auf die Straße aus Furcht davonzufliegen. Aber sobald ich etwas zugenommen habe, drehe ich einen Film mit John.« Es handelte sich um John Huston.
Was er machte, machte Bogart besser als jeder andere. Er konnte länger als ein anderer spielen, ohne zu sprechen. Er drohte wie kein anderer und kalkulierte seine Hiebe fabelhaft. Man hätte seine Hemden auswringen können, so sehr schwitzte er, wenn er schwitzte.
Humphrey Bogart hatte den schönen Kopf eines hartgesottenen Kerls; zu ihm paßten der Schweiß der Anstrengung bei Huston, die raisonnierende Gewalttätigkeit bei Nicholas Ray, wie die kalte und luzide Intelligenz bei Howard Hawks. Einer seiner letzten Filme brachte dies faszinierende Gesicht zur sublimen Geltung, THE CAINE MUTINY. In der Rolle eines hartgesottenen Generals erschien Bogie wie er wirklich war, weil man die Schauspieler in den alten Technicolor-Filmen nicht schminkte. Man sah zum erstenmal die Narbe auf seiner Oberlippe, die ihm aus seiner Zeit bei der Marine durch einen Holzsplitter geblieben war, als er das Deck mit einem Flaschenboden polierte.
Humphrey Bogart war ein moderner Held. Die historischen und Piratenfilme der Epoche paßten nicht zu ihm. Er war der Mann des Starter, des Revolvers, in dem nur noch eine Kugel ist, der Mann des Filzhuts, den man mit einem Fingergriff verwandeln kann, je nachdem, ob es Wut oder Fröhlichkeit auszudrücken gilt, der Mann des Mikrofons: »Hallo! Hallo! Ruf an alle Wagen . . .«
Wenn Bogarts Erscheinungsbild modern war, so war seine Moral klassisch. Er stand dem Herzog von Nemours aus der *Prinzessin von Cleve* näher als dem Kommissar Maigret und wußte, daß die Zwecke weniger wert sind als die Schönheit der Gesten, die ihnen dienen, und daß jede Tat rein ist, die sich ihrer logischen Vollendung nicht entzieht.

François Truffauts »Portrait d' Humphrey Bogart« ist seinem Buch *Les films de ma vie,* Paris (Flammarion) 1975, entnommen und erschien zuerst 1958 – Übersetzung: Anna Zaschke

Action in the North Atlantic

Bogart in der Welt der Toten

Von Charles Bukowski

Aus dem Amerikanischen von Carl Weissner

(Humptey Dumptey saß auf einer Mauer und
spielte mit seinen kleinen runden Eiern)

– – – Humphrey Bogart, der Zigaretten raucht,
die Krebs-Zigaretten,
und – ganz Harter Bursche – im Hauseingang steht,
die Frauen werfen sich an
ihn
ihn, der wie ein Gott ist, der nie
scheißt oder sich in der Nase
popelt

(Humptey Dumptey saß auf einer Mauer und
spielte mit seinen kleinen runden
Bogarts)

ahah ah
das Leben ist ein tropfender Wasserhahn, den du nicht mehr
hören kannst
und aus Bequemlichkeit nicht abdrehst und
nicht begreifst, weil du
zu irre bist – – – wie all die Nächte, in denen die Damen
aufschreien und weggehen

Humptey Dumptey peitscht sein Fleisch
Bogart geigt seinen Rennwagen die Höllenstraßen von
Paris runter, Zigarette im Mundwinkel, versteht sich, überfährt
eine junge
Dame in Strumpfhosen, natürlich eine Proust-Leserin, und
kratzt
(natürlich) ein Kaugummi unterm Armaturenbrett vor,

also
OK.
Bogart steigt aus dem Wagen

er hat dreckige Fingernägel und trägt ein 49-Dollar-Hemd
geht die Treppe zur Fotzen-Wohnung rauf
macht die Tür auf, ohne anzuklopfen
verbrennt sich die Finger an der Zigarette
ENDLICH!

und dann sieht er
sie

sie ist da mit einem zugange
sie ist OBEN DRAUF
sie schwitzt und schwabbelt wie verrückt, schaumig,
krümmt sich, BRICHT SICH EINEN AB
        und, natürlich
        kennt er den Mann unter ihr –
        es ist sein VATER

      Herr Erbarm Dich   sein Vater   Der Vater
Vater wußte immer 'ne gute Möse:
er machte sie selber
        Bogart geht raus unter Wetterleuchten
        und Grabsteinwarnungen
runter zur Bar, wo ihn
Humptey Dumptey bedient
der ganz eingefallen ist und Ringe unter den Augen
hat vom vielen Onanieren

Bogart sagt was, Hump sagt was, sie schütten sich gegenseitig die Drinks ins Gesicht
küssen einander, umarmen sich
        'n Doppelten mit Soda
        'n Doppel-Selbstmord
        zweimal Vorhang

sie behielt ihren blauen Strumpfgürtel an über der
Strumpfhose als zusätzlichen Reiz
und riß ein Loch in die Strumpfhose als . . . Eingang
sie trug Strumpfhosen wie die, die Bogey auf dem
Boulevard überfahren hatte
– – – die Proust-Leserin,
aber die da oben drauf las nicht Proust

die Sorte tut das
höchst selten

Isle of Fury

euch gefällt dieses
Gedicht nicht?

in Paris würden sie's verstehn
in New York würden sie nur lachen
in Wien haben sie einen Zwerg mit einer 21 Fuß langen
Wurst beerdigt – – – suchte Zugang zu Gebrechen konvergie-
render
Umkehrung
und Verwandlung:
907 Chips, goldschimmernd, & egal
's ist lahm und abgestanden   's ist lahm und abgestanden
Bogart, mein Junge
schon so lange
tot
die Hetzer
seien verflucht.

Aus: *Silverscreen,* herausgegeben von Rolf Dieter Brinkmann, Köln 1969, mit freundlicher Genehmigung des Verlags Kiepenheuer & Witsch.

Are You Real?
Marginalien zu Mythen der Massenkultur

Von Yaak Karsunke

Humphrey Bogart mochte einen Matrosen, einen Privatdetektiv oder den Besitzer eines Nachtlokals spielen, er war in allen seinen Verkörperungen stets unverkennbar Humphrey Bogart / denn Humphrey Bogart war eindeutig ein wesentliches Element des realistischen Films (Siegfried Kracauer/Norman Mailer). Häufig hat er Gangster gespielt – *und auch der Gangster ist – obwohl es wirkliche Gangster gibt – in erster Linie ein Geschöpf der Phantasie. Die wirkliche Stadt, so könnte man sagen, bringt nur Kriminelle hervor; die eingebildete Stadt bringt den Gangster hervor: er ist das, was wir sein wollen, und das, was wir zu werden fürchten* (Robert Warshow).

Heute ist das Publikum, das sich in Kommunalen, Kunst- und off-Kinos Bogart-Filme ansieht, im Durchschnitt jünger als diese Filme. Es sind auch nicht die Leute, denen Hollywood das jeweilige Produkt damals zugedacht hatte, es sind – ihre Reaktionen beweisen das – kommentierende Kenner, ein Meta-Publikum, das sich Bogart zum Meta-Star auserkoren hat, der mit Gelächter, Zurufen und Meta-Applaus gefeiert wird. *Do it again, Sam!* Ironischerweise fahren die ironischen Fans auf denselben Mann ab, der vor drei/vier Jahrzehnten authentischen Jubel erregte. Übrigens ist das alles nicht neu.

Also Brecht blieb noch einige Zeit lang in New York. Wir besuchten die Kinos, vor allem Gangsterfilme, um, wie wir uns beide lügnerisch versicherten, soziale Studien zu betreiben. Brecht wohnte neben mir – er hatte eine Wohnung am selben Gang. Ich brauchte nur anzuklopfen und sagte: »Hör mal zu, wollen wir nicht ein bissel soziale Studien betreiben?« Dann fuhren wir in die zweiundvierzigste Straße und schauten uns die Gangsterfilme an mit diesem prachtvollen Jack Cagney, »Public Enemy Num-

Across the Pacific

ber One« und so. Das waren dann eben die sozialen Studien (Hanns Eisler im Gespräch mit Hans Bunge). Das war im Dezember 1935, William A. Wellman hatte *The Public Enemy* 1931 gedreht, es war James Cagneys erste Hauptrolle. Er absolvierte sie fast durchgängig mit geballten Fäusten, mit denen er selbst seiner Freundin noch das Gesicht – na, sagen wir mal: streichelt; immerhin war das eine stereotype Geste von einiger Aussagekraft, nicht bloß so ein Tick wie Bogarts Griff ans Ohrläppchen oder an die Unterlippe Jahre später. Ebenfalls Jahre später (im Juni 1944) notierte übrigens Brecht: »Die Art und Weise, wie am Broadway oder in Hollywood gewisse Spannungen und Emotionen erzeugt werden, mag kunstvoll sein, jedoch dient sie nur dazu, die entsetzliche Langeweile zu bekämpfen, welche eine ewige Wiederholung der Unwahrheit und Dummheit in jedem Publikum erzeugt.« *As years go by* oder: grüß mich nicht unter den Linden. Läßt man die Bogart-Fans von heute auf einen zeitgenössischen Film etwa von Straub oder von Kluge los, vergeht nicht nur ihnen das Lachen, die locker kommentierenden Kenner verwandeln sich in finstere Experten, lauter Polito-Sozio-Psychologen. Auch das ist also nicht neu.

Brecht und Eisler immerhin sahen neue Filme, neuartige sogar. *Zwei wichtige Ereignisse trafen den Film in aller Welt fast gleichzeitig um die Wende von den zwanziger zu den dreißiger Jahren: die Einführung des Tons und die Weltwirtschaftskrise. Beide wirkten sich nachhaltig auch auf die filmische Mythenbildung aus* (Enno Patalas). Obwohl hier nicht völlig klar wird, ob die Weltwirtschaftskrise direkt aus der Einführung des Tons resultierte – die Mythenbildung hatte noch eine andere Wurzel, die Patalas vermutlich nur deshalb entgangen ist, weil sie sich unverzeihlicherweise in außerfilmische Bereiche erstreckte.

Am 17. Januar 1920 trat in den USA nämlich die *Lex Volstead* in Kraft, ein Gesetz, das Herstellung, Verkauf, Transport, Ein- und Ausfuhr aller berauschenden Getränke verbot. Nur Puritaner konnten sich einbilden, man könne Leuten die Flasche verbieten, ohne sich um die Gründe zu kümmern, aus denen die Leute zur Flasche griffen; in Wirklichkeit beförderte denn das Gesetz auch weder Volksgesundheit noch öffentliche oder private Moral – statt dessen ermöglichte es dem organisierten Verbrechen, fast alle Gesellschaftskreise zu durchdringen. Die

Prohibitionszeit wurde zur ersten Blütezeit der Gangster; allein im ersten Jahrzehnt gab es eine halbe Million Verhaftungen, wurden Haftstrafen von insgesamt 33000 Jahren verhängt, starben 35000 Menschen an Alkoholvergiftung. In den Bandenkriegen der Schnapsgangster gab es rund 2000 Tote.
Eine offizielle Statistik aus Chicago führt für die Jahre 1923 bis 1933 396 Gangstermorde in der Stadt auf – 88,9% der Fälle blieben ungelöst, in 6,6% wurde keine Anklage erhoben, Freispruch erfolgte in 3,5%, ein Urteil erging in exakt einem Prozent aller Fälle. Der Kriminologe Hans von Hentig, dessen Buch *Der Gangster* ich diese Zahlen entnehme, merkt dazu an: »Es handelt sich um Gangsterkriege mit allen Schwierigkeiten der Beweise.« Kann man sagen. Einige der Beweis-Schwierigkeiten lagen darin, daß Al Capone, dessen persönliches Vermögen auf vierzig Millionen Dollar geschätzt wurde und dessen Schnapsschmuggel-Syndikat vermutlich jährlich hundert Millionen Dollar Bruttogewinn machte, auf seinen Lohnlisten Politiker und Polizisten ebenso führte wie *bootlegger* und Killerkommandos.
Es war das, mit anderen Worten, *eine Welt, in der Gangster ganze Nationen regieren können und Städte sogar manchmal regieren ... eine Welt, in der ein Richter, der den ganzen Keller voller geschmuggeltem Alkohol hat, einen Menschen ins Gefängnis schicken kann, weil der einen Flachmann in der Tasche hatte ... eine Welt, in der Sie Zeuge eines Überfalls bei hellichtem Tage werden und sehen können, wer es war, sich aber lieber sofort in der Menge verdrücken, als daß Sie irgendwem was davon erzählen, weil die Verbrecher vielleicht Freunde mit langen Pistolen haben oder weil ihre Zeugenaussage der Polizei vielleicht gar nicht gefällt* (Raymond Chandler). Al Capone, dem die Fama gut und gern ein halbes hundert Morde zutraute, kam schließlich wegen – Steuerhinterziehung für zehn Jahre ins Zuchthaus (1931. Wegen Alkoholdelikten war er lediglich zweimal – 1926 – angeklagt, beide Verfahren wurden eingestellt).

In der Geschichte der Trivial-Literatur markieren die 20er Jahre das »Goldene Zeitalter« des klassischen (britischen) Kriminalromans, eines Genres, dem der Engländer Julian Symons schon in seinen Anfängen bei Wilkie Collins und Conan Doyle konservative bis reaktionäre Tendenzen nachgewiesen hat.

Nach Symons verdankt sich die Beliebtheit dieser Unterhaltungslektüre gerade bei den gebildeten Schichten Großbritanniens dem unbedingten Eintreten der Verfasser und ihrer Helden für Recht und Ordnung bürgerlicher Machart – in der Angst vor dem Verbrecher verbirgt sich auch die Angst vor sozialer Veränderung, die der Super-Detektiv stellvertretend für seine Leser erfolgreich abwehrt.

All Through the Night

Diese in der zweiten Hälfte des 19. Jahrhunderts angelegte Tendenz entwickelt das »Goldene Zeitalter« voll: *In den englischen Detektivromanen findet man kein Wort über den Generalstreik des Jahres 1926, gibt es keine Gewerkschaften, und wenn in ihnen Sympathie mit den Armen ausgedrückt wurde, dann sicherlich nicht mit den Arbeitslosen, sondern höchstens mit denjenigen, die aufgrund der Geldentwertung Mühe hatten, ihren Lebensunterhalt weiter aus ihrer Erbschaft zu bestreiten. In der amerikanischen Kriminalliteratur gibt es keine Schlangen vor den Bäckerläden, keine radikalen Elemente, keine Demagogen aus den Südstaaten und keine einheimischen Faschisten* (Julian Symons).

Dies galt wohlgemerkt nur für die anerkannten Autoren, es galt nicht für Groschenmagazine wie etwa die berühmte »Black Mask« – und es galt überhaupt nicht für Samuel Dashiell Ham-

The Big Shot

mett. 1894 in den Südstaaten geboren, verließ er bereits mit 13 Jahren die Schule und landete nach einer Reihe von Hilfsarbeiterjobs schließlich für insgesamt acht Jahre bei der Pinkerton-Detektei. Aus dem ersten Weltkrieg kehrte er mit einem Lungenleiden zurück, quittierte u. a. deshalb seinen wiederaufgenommenen Dienst bei den Pinkertons und begann, seine Berufserfahrungen literarisch auszuwerten. Captain Joseph T. Shaw, von 1920 bis 1936 Herausgeber der »Black Mask«, entschloß sich, den Neuling groß herauszubringen – die *hard-boiled detective story,* der harte amerikanische Kriminalroman begann.

Hammett schrieb zu Beginn (und fast bis zum Ende) für Leute, die eine harte, aggressive Einstellung zum Leben hatten. Sie hatten keine Angst vor der Schattenseite des Daseins; sie lebten dort. Gewalttätigkeit jagte ihnen keinen Schrecken ein; so etwas gab es auf ihrer Straße unten dauernd. Hammett brachte den Mord zu den Menschen zurück, die mit wirklichen Gründen morden, nicht nur, um dem Autor eine Leiche zu liefern, und mit realistischen Gegenständen, nicht mit handgearbeiteten Duellpistolen, Curare und tropischen Fischen (Raymond Chandler).

Nachdem ich Mr. Chandler nun schon zum zweitenmal zitiert habe, sollte ich ihn auch vorstellen (obwohl das vielleicht überflüssig ist). 1888 in Chicago geboren, verlebte er große Teile seiner Kindheit und Jugend nach der Scheidung seiner Eltern mit seiner Mutter in England, was ihm z. B. eine wesentlich profundere literarische Bildung eintrug als etwa Hammett. In die USA zurückgekehrt, heiratet er nach dem Tod seiner Mutter als 36jähriger eine 17 Jahre ältere Frau, der er nach eigenen Aussagen bis zu ihrem Tod 30 Jahre später absolut treu bleibt – kein Wunder also, daß er dem Kriminalroman einen der fabelhaftesten *he-man*-Helden beschert hat (mit einem krankhaften Abscheu vor Homosexuellen, versteht sich). Allerdings wandte sich Chandler dem Genre erst relativ spät zu. Bis Ende der 20er Jahre hatte er sich zum Direktor einiger kleinerer Ölgesellschaften hochgearbeitet, verlor diesen Posten jedoch während der Depression und begann nun erst zu schreiben: seine erste Geschichte erschien 1933 ebenfalls in der »Black Mask«, sein erster Roman *The Big Sleep* erschien 1939.

Chandler trat das Erbe Hammetts an, der zwischen 1929 und 1934 fünf Romane herausgebracht hatte und dann nach Hollywood ging – Chandler literarisierte und kommerzialisierte dieses Erbe in gleichem Maße; 1943 war er damit berühmt genug geworden, um sich ebenfalls erfolgreich der Filmindustrie anzudienen.

Hammett wie Chandler haben versucht, dem allmählich steril gewordenen analytischen Puzzle- und Rätsel-Spiel des klassischen Kriminalromans durch Hinwendung zur Verbrechensrealität ihrer Zeit wieder mehr Leben zu verleihen – auf der anderen Seite besaß das Genre aber bereits gewisse Regeln, die auch sie bedienen, gewisse Grundmuster, die auch sie auffüllen mußten. Schon die obligatorische vollständige Lösung und Aufklärung des jeweiligen Falles schränkte den Realismus des harten Kriminalromans beträchtlich ein. In seiner kürzlich erschienenen Studie über *Formen und Ideologien des Kriminalromans* hat Ulrich Schulz-Buschhaus auf eine weitere strukturbedingte Schwierigkeit eines realistischen Kriminalromans hingewiesen, die durch die »Konvention der überraschenden Lösung« entsteht. Diese Konvention *führt nämlich dazu, die Romanhandlung nach alter Gewohnheit auf zwei verschiedene Ebenen zu verteilen, auf eine Ebene der Vordergrundshandlung, die eine vordergründige, uneigentliche Lösung suggeriert, und auf eine Ebene der Hintergrundshandlung, welche die hintergründige, eigentliche Lösung enthält.*

Die ausführliche, sozialkritische Schilderung der amerikanischen Gesellschaftsrealität läuft nun auf der Ebene der Vordergrundshandlung: *In dieser scheinbar bevorzugten Position riskiert sie jedoch immer, am Ende von einer zunächst verborgenen Hintergrundshandlung überholt und entwertet zu werden. Dabei ist die Lösung dieser Hintergrundshandlung, um überraschend zu wirken, verpflichtet, sich von der Schilderung des Vordergrunds möglichst kontrastierend abzuheben. Das heißt: ist der Vordergrund von der Darstellung des historisch spezifischen Unwesens der »gangs« und »rackets« besetzt, so bleibt für den Hintergrund nichts anderes übrig als das historisch unspezifische Verbrechen aus Liebe und Leidenschaft* (Ulrich Schulz-Buschhaus).

Vernachlässigt diese Argumentation auch etwas zu sehr die ja auch jeweils historisch spezifizierte Differenzierung solcher Tatbestände wie Liebe & Leidenschaft, so pointiert sie andererseits jedoch eine Struktur, mit deren Hilfe sich Hollywood letztlich die realistischen Intentionen einiger kritischer Autoren vom Halse hielt.

Aber Strukturen waren nicht das einzige Mittel, mit Autoren fertig zu werden: *Das Filmemachen sollte eigentlich eher ein ziemlich faszinierendes Abenteuer sein. Das ist es nicht; es ist eine nicht endenwollende Balgerei zwischen geschmacklosen Egoisten, von denen manche mächtig, fast alle Schreihälse und ebenso fast alle unfähig sind, etwas Schöpferisches zu vollbringen, was über den Ideen-Diebstahl an anderen und die eitle*

Beförderung der eigenen Person hinausgeht. Hollywood ist ein Paradies der Effekthascher. Effekthascher sind unschöpferisch; sie beuten aus, was andere geschaffen haben. Aber die Effekthascher von Hollywood kontrollieren auch noch das Schaffen selbst – und degradieren es dadurch (Raymond Chandler 1945 – nach zwei Jahren Hollywood).
Niemand stellt ernstlich das Prinzip in Frage, daß es die Funktion der Massenkultur ist, die öffentliche Moral aufrechtzuerhalten, und sicher hat niemand im Massenpublikum etwas dagegen, daß seine Moral aufrechterhalten wird (Robert Warshow). Die zutreffendste Antwort auf derlei affirmative Feststellungen wäre sicherlich jenes gedehnte *sure,* mit dem Bogart in BULLETS OR BALLOTS die Aufforderung quittiert, einen Mann in Ruhe zu lassen, den er in der folgenden Szene erschießt, statt dessen erschienen Sätze wie dieser in Zeitschriften, die Worte wie *Partisan* oder *Kritik* im Titel führten: Hollywoods Effekthascher degradierten mehr als nur das Schaffen ihrer Drehbuchautoren.

In vier Tagen gut zwei Dutzend Bogart-Filme absolvierend, ist mir besonders etwas aufgefallen, das man den *Milieu-Melodram-Trick* nennen könnte. Um die öffentliche Moral aufrechtzuerhalten, muß man nämlich – schon um das Publikum erstmal zu *kriegen* – bei den öffentlichen Mißständen ansetzen, die diese Moral gefährden. Häufig beginnen die Filme also in einem recht realistisch gezeigten Milieu, einige Protagonisten dürfen sogar prinzipiell kritische Anwürfe vorbringen – doch im weiteren Verlauf schrumpft das Milieu zusehends, an seiner Stelle macht sich das übliche Melodram breit: was als Slum-Studie begann, endet als Charakter-Drama, die sozialkritische Dreck-Kruste wird abgesprengt und darunter kommen Liebe & Leidenschaft in zeitloser Gültigkeit zum Vorschein.
Als was die Helden der immer gleichen Schwachsinns-Story jeweils maskiert sind, ist Hollywood dabei relativ gleichgültig, bzw. wird dem jeweils aktuellen Problem-Fundus entnommen: unser Mann kommt mal als faschistoider Fabrikarbeiter vor, mal als Fernfahrer, mal als Gangster, mal als progressiver Strafvollzugsbeamter – zu CASABLANCAS Zeiten scheint es sowas wie Faschismus und antifaschistische Widerstandskämpfer gegeben zu haben, für Hollywood wars ein Film mit Ingrid Bergman und Humphrey Bogart. Wie stand doch so zutreffend über dem Tor

The Big Sleep

der schlimmsten nationalsozialistischen Todesfabrik? »Jedem das Seine« – dem Kinopublikum also den Star-Film.
Wie aus Teilen des Milieus erst ein Markenartikel und dann ein Versatzstück wird, sieht man z. B. an den »Dead End Kids«, einer Gruppe von Halbwüchsigen, die erstmals 1937 die Slums von DEAD END bevölkerten. Das Drehbuch von Dashiell Hammetts Freundin Lillian Hellman folgt zwar auch der Linie vom Dead zum Happy End, verdrängt aber das Milieu bis zum Schluß nicht völlig zugunsten des Melodramas. Besonders realistisch geriet die Slum-Kinder-Gang, deren Frische, Witz und Frechheit offenbar einen völlig neuen kulinarischen Effekt machten – das Personenverzeichnis von CRIME SCHOOL präsentiert sie denn auch bereits als »The Dead End Kids«, und Humphrey Bogart bessert sie als Strafvollzugsreformer so erfolgreich, daß sie am Ende allesamt in kleinen Maßanzügen mit Weste und Krawatte in kleine Mittelstandskarrieren entlassen werden, während Bogart die Schwester des einen zum Altar führen darf. Dennoch treten sie ein paar Filme später wieder als ANGELS WITH DIRTY FACES auf, und der arme James Cagney muß in der Gaskammer einen winselnden Waschlappen markieren, damit sies aus der Zeitung erfahren, ihrem kriminellen Idol abschwören und nachdenklich wieder in den Schoß der bürgerlichen Gesellschaft zurückkehren – wo bekanntlich überhaupt kein Platz für sie ist, aber *sicher hat niemand im Massenpublikum etwas dagegen, daß seine Moral aufrechterhalten wird.*

Wenn man der *Geschichte des Films* von Ulrich Gregor und Enno Patalas glauben darf, ließ sich diese Moral zumindest für die Dauer jener »Schwarzen Serie« nicht mehr aufrechterhalten, mit der Hollywood zwischen 1941 und 1949 auf die Erschütterungen der Kriegs- und Nachkriegszeit reagierte: *Die Schwarze Serie bezeichnet die bislang radikalste Absage an den ›American Way Of Life‹ und den traditionellen Optimismus, die Hollywood hervorgebracht hat. Sie geht auf die Gangsterfilme der dreißiger Jahre zurück . . . hatten jene aber an den herkömmlichen Vorstellungen von Gut und Böse festgehalten, so herrscht in dieser ein totaler Amoralismus* (Gregor/Patalas).
An einem der schwärzesten Filme der Schwarzen Serie erweist sich dieser Amoralismus als so total wie die Vorstellungen amerikanischer Frauenvereine, deren im Wortsinne Faustregel »Brutalität ja – Sexualität nein« Howard Hawks nämlich pein-

lich genau befolgte, als er 1946 Raymond Chandlers Kriminalroman THE BIG SLEEP verfilmte. Einem Interview von 1962 verdanken wir Hawks' Selbstauskunft: »Die Story habe ich nie verstanden, ich habe sie gelesen und war entzückt. Das Drehbuch wurde in acht Tagen geschrieben. Wir haben lediglich versucht, jede Szene so unterhaltsam wie möglich zu machen. Von der Geschichte verstanden wir nichts.«
Von Hollywood verstanden Hawks und sein Drehbuchautor William Faulkner immerhin soviel, daß sie aus dem *Akt*-foto Carmen Sternwoods, dessentwegen ein paar Menschen das Leben lassen müssen, ein *normales* Foto machen, wodurch die ganze Geschichte tatsächlich etwas unverständlich wird. Gestrichen wurde auch der Besuch der unbekleideten Carmen bei Marlowe, dafür darf sie bei Hawks im kurzen Hosenrock auftreten, wenn Chandler sie in langen Hosen agieren läßt: so ersetzt man Sexualität durch deren Verkaufsform, den Sex-Appeal. Weitere Zutaten der Verfilmung waren Brutalität und Boulevard-Stil: einmal das unmotivierte Zusammenschlagen des Detektivs in einer einsamen Straße, zum anderen der wirklich amüsante Dialog, den Bogart und die Bacall am und um den Telefonhörer führen.
Die Werte des Films sind kommerzielle Unterhaltungswerte, der Mythos der Schwarzen Serie erweist sich als Verkaufslegende. Auch der angebliche Amoralismus ist eher professioneller Zynismus, mit dem die Filmindustrie auf die Kasse spekuliert. Zu besichtigen bleibt ein perfekter Star-Film; Bogart gehörte 1946 zu den »Ten Top Money-making Stars« und Chandler schrieb über ihn: »Bogart kann auch ohne Waffe gefährlich sein.« Den kritischen Intentionen Chandlers waren die Produktionsmechanismen Hollywoods gefährlicher, als Bogart es jemals *mit* einer Waffe hätte sein können.

Im Film hat es Bogart an Waffen selten gefehlt, Gangster machen einen Gutteil seiner 75 Rollen aus, Dutzende von *Bugs, Busters* und *Baby Faces* hat er gespielt. Die Gangster blieben auch nach der Aufhebung der Prohibition (1934) aktuell: es gelang nicht, die einmal gebildeten kriminellen Strukturen wieder zu zerschlagen, die *racketeers* verlegten ihre gewinnbringenden Aktivitäten auf andere Geschäftszweige, nachdem der Schnapshandel wieder legal geworden war. Eine Verfeinerung der Geschäftsmethoden ist den *gangs* bis heute nie wirklich gelungen, Gewalt gehört zum Geschäft, wie z. B. eine Bilanz Mitte der 60er Jahre ausweist: *Seit 1900 sind in den Vereinigten Staaten mehr als 750000 Menschen bei zivilem Waffengebrauch innerhalb oder außerhalb ihrer Wohnungen verwundet worden, und durch Schußwechsel sterben in jedem Jahr derzeit 17000 Menschen, fünfzig am Tag. Andere Formen von Gewalt sind genauso weit verbreitet; und Gewalt im allgemeinen ist, sehr zum Mißbehagen der feinen Leute, das Leitmo-*

tiv in amerikanischen Filmen und Fernsehsendungen: ein Spiegelbild der Gesellschaft (Ferdinand Lundberg).

Der Professor für Sozialwissenschaften und Volkswirtschaft Lundberg hält Film und Fernsehen dennoch nur für einen Zerrspiegel. In seinem Buch über *Die Reichen und die Superreichen* befaßt er sich vornehmlich mit jenen 1,6 Prozent aller erwachsenen US-Amerikaner, die 32% aller privaten Vermögenswerte der USA besitzen (Stand von 1953) – auf Gangster ist er in diesen erlauchten Kreisen nicht gestoßen: *Es gibt keine Anzeichen dafür, daß in der Unterwelt das große Geld gemacht wird – es sei denn, Wall Street selbst würde in die Unterwelt verlegt* (Lundberg).

Was dagegen in den meisten Fällen tatsächlich geschieht, ist dies: Eine etablierte Gruppe aus Geschäft und/oder Politik, die ihre Ziele abgesteckt hat, sieht sich nach einem Gangster um, der ihr für ihre Zwecke geeignet erscheint. Wenn er nicht am Ort ge-

funden werden kann, so importiert man ihn – so wie Costello nach New Orleans geschickt wurde, um dort die Sache mit den Spielautomaten voranzubringen; wie Johnny Torrio und Al Capone, wohlgeratene Söhne Brooklyns, nach Chicago entsandt wurden, um dort nach Kräften die Lasterhaftigkeit zu fördern; wie Henry Ford den Harry Bennett nach Detroit verbrachte, um zu Nutz und Frommen des Autokonzerns die Gewerkschaften zu ruinieren (Lundberg).

Bennett, ein ehemaliger Ringer, stand als Arbeitsdirektor einer Dienstabteilung vor, die 600 mit Gewehren und Knüppeln bewaffnete *Gorillas* hauptsächlich zum Kampf gegen die Gewerkschaften beschäftigte, der damalige Gouverneur von Michigan sagte über sie: »Henry Ford beschäftigt einige der übelsten Gangster unserer Stadt.« (Ebensogut konnten die Unternehmer ihre Revolverhelden auf der anderen Seite anheuern: der Carnegie-Stahltrust setzte bereits 1892 dreihundert Pinkerton-Detektive gegen Streikende ein, »Father was killed by the Pinkerton men« war seinerzeit ein beliebtes Lied in der amerikanischen Arbeiterbewegung. Der Unterschied zwischen Gesetzesbrecher war nicht größer als später in Bogarts Rollen.)
Aber bei all diesen Operationen sind die Gangster, mögen sie nun für politische Parteien oder Geschäftsmänner tätig sein, in Wahrheit ganz ›kleine Fische‹ und keinesfalls die großen Männer, als die sie in den Zeitungen vorgestellt werden. Denn sie sind es, die verhört, vor Gericht gestellt, durch die Spalten der Zeitungen gezerrt, manchmal ins Gefängnis gesteckt oder hingerichtet und ermordet werden ... Keiner von ihnen, mag er nun ein großes Haus, Swimmingpool und Autos besitzen, ist wirklich ein Gewinner (Lundberg). Jeder von ihnen, könnte man hinzufügen, ist ein Teil der actionreichen Ablenkungsfassade, hinter der sich die wahrhaft großen Verbrechen abspielen: Wirtschafts- und Konzernkriminalität mit Milliardengewinnen und Milliardenschäden für die Volkswirtschaft, mit massivem Einfluß auf politische Entscheidungen und damit gesamtgesellschaftliche Entwicklungen, die das Leben jeden Staatsbürgers beeinflussen, meist: beeinträchtigen. Von den Etagen der White-Collar-Criminals aus betrachtet, sind die Helden der Gangsterfilme bloß Handlanger, lautstark – aber letztlich uneffektiv.
Als letzte Realität verbleibt dem Gangsterfilm also nur die eigene: er immerhin ist ein realer Faktor der manipulierenden Massenkultur. Die Rechtfertigung eines reinen Überbau-Akrobaten wie Robert Warshow muß von dieser Tatsache her begründet werden: er hat diese letzte Realität des Genres reflektiert (wenn auch u. U. nur deshalb, weil seine Sensorien für alle andere Realität durch zu häufige Kinobesuche längst verkümmert waren). Nur in diesem Zusammenhang kann »der Gangster als tragischer Held« erscheinen, obgleich ich finde,

The Desperate Hours

daß Warshow die Wahrheit auf den Kopf stellt, wenn er behauptet: *Auf eine Weise, die wir nur schwer definieren können und nur ungern definieren mögen, spricht der Gangster für uns, er verleiht jenem Teil der amerikanischen Psyche Ausdruck, der die Beschaffenheit und die Ansprüche des modernen Lebens, ja den ›Amerikanismus‹ selbst – zurückweist.* Auch erscheint mir der Gangster nicht als *das ›Nein‹ auf jenes große amerikanische ›Ja‹, das so breit und dick quer über die offizielle Kultur Amerikas gestempelt ist,* wie Warshow in anderem Zusammenhang (*Der amerikanische Mythos*) behauptet hat.

Ganz im Gegenteil geht das Bild des Gangsters zunächst von den (nicht nur amerikanischen) Gegebenheiten aus, nämlich daß es bloß zwei Wege gibt, um nach oben zu kommen: Geburt oder Gewalt. Die Gewalt wird von den (im Film wie im Leben) von Geburt her unterprivilegierten Gangstern in bester konkurrenzkapitalistischer Manier des Jeder-gegen-Jeden ausgeübt –, und solange der Gangster im Kino damit Karriere macht, kann sich der weniger Erfolgstüchtige im Parkett prima mit ihm identifizieren. Dann kommt das dicke Ende nach, *crime doesn't pay*, wer zahlt, ist der Gangster, und er zahlt mit seinem

Leben: die öffentliche Moral wird aufrecht erhalten. Der überlebende Zuschauer verläßt das Kino entlastet und wiederangepaßt: er hat sich einfühlen und somit austoben dürfen, beim tödlichen Finale fühlt er sich natürlich wieder aus und lernt, mit einem letzten Blick auf sein nun verblutendes abenteuerlicheres Selbst, daß es letztlich nicht lohnt.

Was Bogart angeht, so hat er diesen Prozeß dadurch gestört, daß er seinen Zuschauer etwas zu traurig zurückließ. Etwa ab HIGH SIERRA (von 1940, Regie Raoul Walsh) sind ihm Gangster unterlaufen, die schon gar keine Karriere mehr machen, dafür aber den Zuschauer mit dem Gefühl entlassen, am Ende habe die falsche Seite gesiegt. Bogarts Roy Earle in HIGH SIERRA bot sich für eine solche Interpretation an – den Glenn Griffin in THE DESPERATE HOURS (von 1955, Bogarts vorletztem Film) dagegen mußte man gegen den Strich spielen, um diese Wirkung zu erzielen. Die Romanvorlage (von Joseph Hayes) ist ein faschistoides Machwerk, in dem Kriminelle als »Ungeziefer« zum Abschuß freigegeben werden – Bogart dagegen spielte einen Menschen, den die bürgerliche Polizei-Gesellschaft als Sündenbock vors MG jagt. Geholfen hat ihm bei diesem Kunststück natürlich auch der Bogart-Mythos, der die simplen *bad guys* längst hinter sich gelassen hatte zugunsten charakterlich zerfurchter Problemfiguren: u. U. hat sich die Kulturindustrie mit dieser Fehlbesetzung also bloß selber ein Bein gestellt.

In den letzten Kriminalromanen Raymond Chandlers übrigens tauchen ab und zu miese kleine Ganoven auf, von denen der Autor und sein Ich-Erzähler Marlowe vermuten, sie hätten sich ihr großspuriges Gehabe von der Filmleinwand oder vom Fernsehschirm abgesehen. The last real Bogart-fans, I presume . . .

Benutzte Bücher:

Jeremy Brecher: Streiks und Arbeiterrevolten / Amerikanische Arbeiterbewegung 1877–1970. Frankfurt/M. 1975 (Fischer Taschenbuch)

Raymond Chandler: Die simple Kunst des Mordes. Zürich 1975 (Diogenes Verlag)

Hans von Hentig: Der Gangster. Eine kriminalpsychologische Studie. Berlin/Göttingen/Heidelberg 1959 (Springer Verlag)

Ferdinand Lundberg: Die Reichen und die Superreichen / Macht und Allmacht des Geldes. Hamburg 1969 (Hoffmann und Campe)

Ulrich Schulz-Buschhaus: Formen und Ideologien des Kriminalromans. Frankfurt/M. 1975 (Akademische Verlagsgesellschaft Athenaion)

Julian Symons: Am Anfang war der Mord / Eine Geschichte des Kriminalromans. München 1972 (Wilhelm Goldmann Verlag)

Robert Warshows Aufsatz: Der Gangster als tragischer Held, erstveröffentlicht in Partisan Review vom Februar 1948, wurde zitiert nach der Filmkritik 4/1967.

Die Verläßlichkeit eines stetig geführten Lebens

Von Urs Widmer

»Der letzte zug aus einer pfeife ist wie die schlußseite eines guten buches mit bitterem ende; nun müßte man die jahre zurückdrehen, alles wieder von vorne anfangen können!«

H. C. Artmann

Noch lange Jahre nach seinem Tod, 1957, war Humphrey Bogart für sein Publikum ein Schauspieler unter vielen. Lange Zeit schwebte der Mythos, der sich heute so entschlossen an Humphrey Bogart klammert, wie eine ziellose Regenwolke am Himmel über Hollywood herum. Warum gerade Humphrey Bogart? Warum nicht Edward G. Robinson oder James Cagney? Was katapultierte Humphrey Bogart in die Kategorie der Idole hinauf? Wie James Dean oder Marylin Monroe oder, zur Zeit unsrer Mütter, Rodolfo Valentino ist Bogart ein Gegenstand der Verehrung geworden. Auch dieser Aufsatz ist ein Abglanz davon.

Dabei scheint alles an Humphrey Bogart ganz gewöhnlich zu sein. Er hat ein Gesicht, das sich allenfalls durch ein etwas langes Kinn, eine gewisse Starrheit und, zu Beginn seiner Laufbahn, eine behauptete Ähnlichkeit mit John Dillinger auszeichnet. Er bewegt sich zögernd, er nuschelt, und er kann weder reiten noch tanzen noch singen. In den frühen Filmen hat er zudem eine Abiturientenfrisur und ein Gesicht wie ein Chorknabe – Bogart war keiner, dem die Jugend gut stand. Sehr langsam nur wurde er *jemand*. In den ersten Filmen ist er alles andere als unverwechselbar, er versucht in ihnen im Gegenteil das zu sein, was Hunderte von Hollywoodschauspielern schon waren: ein beinharter Gangster. Aber man sah, daß sein Papa Rechtsanwalt gewesen war und daß er selber nie einen richtigen

Kriminellen zu Gesicht bekommen hatte. (Bogarts Zeit war noch nicht die von Frank Sinatra und Alain Delon.) Alles in allem ist der junge Bogart ziemlich unbeschreibbar. Der junge James Cagney etwa, in den Gangsterfilmen der Dreißigerjahre mehrmals auch sein Partner, ist durchaus beschreibbar. Er ist ein Typ, den man mag oder auch nicht, aber er prägt sich stärker ein als der junge Bogart. Er ist klein und zieht die Schultern aufgeregt nach oben, er ist nervös, auch wenn er cool dreinschauen will, er geht hektisch und redet schnell, er hat vielleicht wirklich Angst, daß jemand *Na Kleiner* zu ihm sagt und daß er ihm dann eine schmieren muß und daß das alles schlecht enden könnte. Er macht alles eine Spur zu schnell, zu lustig, zu eifrig, zu selbstsicher. Er ist immer in Bewegung und spielt immer hochtourig. Er ist zuweilen fast die Parodie der Rolle, die er spielen sollte. Sehr deutlich ist das in THE OKLAHOMA KID, einer Art Western, dem auch Humphrey Bogart seine Schauspielkunst leiht. James Cagney hüpft in diesem Film wie ein besonders tapferes HB-Männchen herum, er terrorisiert mit seinen viel zu großen Pistolen zweihundert Westernhelden im Saloon, er springt von hohen Terrassen direkt auf sein Pferd und reitet wie die Windsbraut davon. Er ist sehr gut. Der ganze Film hat eine Art schwebende Komik, etwa in einer Gerichtsszene, die, weil der Richter ebenso vertrottelt wie betrunken ist, zur Parodie der in amerikanischen Filmen häufigen Szenen edler Rechtssprechung wird. Einzig Humphrey Bogart erfaßt den lockeren Stil des Films und seines Partners nicht und schaut schwarz und dumpf in die Kamera. Western waren nicht seine Sache. Überhaupt hat Bogart, wie alle Menschen von einiger Kühnheit, immer wieder das zu tun versucht, was er nicht so recht konnte. Manche differenziert gemeinten Studien wie etwa die Darstellung einer ausbrechenden Schizophrenie in THE TWO MRS. CARROLLS rutschten ihm ins Lächerliche ab.

In seinen frühen Filmen hatte Bogart sicher keinen autonomen Stil, allenfalls, in nuce, seine Ticks. Diese baute er im Lauf seines Lebens aus, und Bogartfans sammeln sie inzwischen liebevoll: wie er sich ans Ohr faßt, wie er seine Wange reibt, wie er an seiner Lippe zupft (Oberlippe, Unterlippe), wie er sich an der Nase kratzt. In der Regel tut er nur je eines davon in je einem Film, und in CASABLANCA vergißt er seine Ticks fast völlig. Vermutlich hatte er auch in seinem wirklichen Leben ähnliche Marotten; im Film machte er dann aus seiner Not eine

Angels With Dirty Faces

Tugend. Seine Griffe an Nase und Lippe wirken zuweilen wie die verlegenen Gesten von jemandem, der vor der Kamera steht und *spielen* soll. Wie er Zigaretten anzündet, nur, um nicht gleich sprechen zu müssen! Ich meine, Humphrey Bogart hat das Spielen gehaßt, er zeigt den legitimen und fruchtbaren Widerstand dessen, der über die Mittel, von denen sein Metier lebt, nachgedacht hat. Er leidet darunter, daß es immer wieder nur *Mittel* sind. Auch der Dichter ist ja nicht der, der die Sprache besonders gut beherrscht, Musiker neigen dazu, taub zu werden, und vielleicht sehnen sich die Lispler und Stotterer besonders danach, donnernde Monologe zu sprechen. Bogarts Schauspielstil gleicht zuweilen einer Art Verweigerung. Er ist zuweilen ein demonstratives Nicht-Spielen. Sicher hat Bogart die ungebrochene, vollfette Schauspielkunst mancher seiner Kollegen gehaßt. Selbst wenn er, etwa in Filmen wie WE'RE NO ANGELS oder THE AFRICAN QUEEN, dann doch »spielt«, so läßt er seinen zuvor fast panisch kontrollierten Gesichtsmuskeln nur etwas freieren Lauf. Bogart wollte nie ein Ustinov sein, und er war darum zuweilen auch mehr als Ustinov. Er war eher ein Buster Keaton (sicher hatte er auch ein komisches Talent, das nie ganz zum Tragen gekommen ist), auch er wollte ohne jede mimische Anbiederung Wirkung erzielen. Besonders der frühe Bogart spielt wie unter zu hohem Innendruck. Ich habe nie den Eindruck, daß Bogart bzw. seine Figuren wirklich entspannt sind. Rick, in CASABLANCA, ist nicht in erster Linie unglücklich, weil er auf die einzige Liebe seines Lebens verzichten muß – das kommt dann noch dazu –, sondern weil er nicht imstande ist, aus seiner selbstverliebten Zurückhaltung herauszutreten und zuzugeben, daß auch er weinen möchte, daß auch ihm die Faschisten Angst machen, daß auch er gern überleben möchte, daß auch er gern mit einer Frau schläft, sogar, in seinem Fall, mit der zweitbesten. Ich glaube, Bogarts eigene Persönlichkeit hat, wenn wir dem Hollywoodklatsch trauen dürfen, zur Glaubhaftigkeit der Figur Ricks durchaus beigetragen. Vielleicht sind sich der Drehbuch-Bogart und der wirkliche in diesem Film, was den Aspekt der brüchig werdenden Selbstliebe betrifft, ziemlich nahe gekommen. Der Film ist vielleicht darum ein Schlüsselfilm in Bogarts Laufbahn, weil Bogart hier seine bis dahin zumeist undurchdringliche Härte sichtbar und deutlich zurücknimmt. Erst die harte Schale, die den verzweifelt weichen Kern nur ungenügend tarnt, lädt den Zuschauer zur Identifikation ein. Je mehr Lack von seiner Schutzschicht abspringt, desto glaubhafter wird Bogart. Erst dieser brüchige Typ, der sicher auch einer realen Lebenserfahrung des älter werdenden Bogart entsprach, setzte die Mythenbildung in Gang. In seinen bessern Filmen spielte Bogart von nun an einen Typ, der nach außen hin gerade noch den Anschein von Gesundheit, Härte und Cleverness aufrechterhalten kann, weil die Gesellschaft so etwas von denen, die überleben wollen, zu fordern scheint. Immer deutlicher wurde aber, daß Bogart nur ein bißchen gesund, eher zärtlich und nicht sehr tüchtig sein wollte. Er ließ den Widerspruch zwischen den Anforderungen der Außenwelt und den eigenen Wünschen immer deutlicher spürbar werden und spielte – in CASABLANCA, in TO HAVE AND HAVE NOT, in KEY LARGO etwa – harte Rollen sozusagen, ohne ihnen gerecht zu werden: ohne das überhaupt zu wollen. Er war nicht wirklich hart wie Alain Delon, der uns deshalb im ersten Film fasziniert und im vierten langweilt. In einem gewissen Sinn war Bogart in jedem dieser Filme fehlbesetzt: so wie das Leben eines jeden Menschen fehlbesetzt ist, weil wir unsre eigenen Lebensdrehbücher ja auch schlechter spielen, als wir das einmal wollten. In

THE BIG SLEEP etwa spielt Bogart den Marlowe, ganz im Sinn Chandlers, als einen, der nicht souverän die Fäden zieht, sondern selber ziemlich ohnmächtig ist. Der spätere Bogart hat Angst wie wir alle, und er zeigt, daß man irgendwie mit der Angst umgehen kann.
Was er als Schauspieler seinen Kollegen sofort voraushatte, war seine Stimme. Auch Bogart war ein getarnter Lispler. Seine Stimme hat irgendeine Schramme, schwer zu sagen, welche.

Casablanca

Sicher haben sich Lauren Bacall und Bogart ihrer Stimmen wegen ineinander verliebt. In TO HAVE AND HAVE NOT, der – unbeabsichtigt und wirkungsvoll – die ersten Tage ihrer Bekanntschaft dokumentiert, hat Lauren Bacall ihren ersten Kinoauftritt, und weiß Gott einen funkelnden. Sie ist kinderjung und ungeheuer erwachsen. Wer sie anfassen will, muß mit scharfen Gegenständen umgehen können. Sie spricht wie aus einer fernen Welt, und ihr Lächeln ist genau so in sich selbst

verliebt und distanziert wie Bogarts abwartendes Lippenzukken. Die beiden kommen vom selben fernen Stern. Keinen Augenblick lang denkt man, daß Bogart doppelt so alt ist wie sie. Alles stimmt. (Wenn ich CASABLANCA etwas vorwerfe, dann, daß Laureen Bacall nicht mitspielt. Ihr würde ich sogar Ingrid Bergman opfern. Oder wenn sie nur einmal durchs Café ginge, eine abgewiesene Liebe Ricks!) In TO HAVE AND HAVE NOT singt sie mehrere Songs, mit der Stimme von Andy Williams, zusammen mit Hoagy Carmichael. Gerade diese Nummern zeigen ihren spöttischen Größenwahn sehr gut, und sie sind zudem Demonstrationen einer musikalischen Professionalität, wie man sie in Hollywood heute auch nur noch in Spurenelementen findet. Ich meine jenes beim ersten Hinhören fast amateurhaft wirkende Vorsichhinsingen, von dem man denkt, das kann ein jeder. Genau das kann fast niemand. Man kann viel eher singen wie Mireille Matthieu oder Udo Jürgens, denen man den Schweiß ihrer Gesangsstunden anhört. Wirklichen Profis, wie Hoagy Carmichael, flupscht das Singen einfach aus dem Mund heraus, so wie man im wirklichen Leben zu singen vermeint, haarscharf daneben und völlig richtig.
Humphrey Bogarts unzählige Auftritte konnten zu einem kompakten Mythos gerinnen, weil sie sich schließlich zu *einem* Bild zusammensetzten. Die einzelnen Rollen sind hinter einem einzigen Humphrey Bogart verschwunden, der als klares Bild vor uns steht und so perfekt aus den Mosaiksteinen einzelner Auftritte zusammengefügt ist, daß wir die Nahtstellen nicht mehr sehen. Das Erstaunliche am Bogart-Mythos ist zudem, daß er sich nur aus seinen Filmen herleitet. Bogart hat sich nicht umgebracht, und er ist nie in jugendlicher Todes- und Lebensgier über Kreuzungen gerast. Bogarts Rollen wirken – wenn man sie als ein Ganzes sieht – so, als wären sie sein Leben gewesen. Bogart *war* in der High Sierra oben, er *half* dem armenischen Mädchen in Casablanca, das Visum nach Lissabon zu bekommen, er *sprengte,* zusammen mit seiner Freundin Katharine Hepburn, im tiefen Afrika jenen großdeutschen Bodenseedampfer, er *führte,* alles in allem, wirklich ein Leben, das irgendwo an der Grenze zwischen Legalität und Illegalität herumoszillierte. Bei Schauspielern wie Alec Guiness oder Marlon Brando oder Peter Lorre denken wir immer an die Rollen, die sie gespielt haben. Nie verlieren wir aus den Augen, daß sie in Filmen auftraten. Bei Bogart ist das nicht ganz so.

Seine Filme wirken wie Abbilder eines Lebens. Wir selber können uns nur in Momenten großer Aufmerksamkeit beim Leben zusehen: wie wir älter werden, wie wir uns verändern, und wo wir uns nicht verändern. Stellvertretend sehen wir zu, wie Bogart das macht. Wir können, theoretisch, an einem Wochenende ein ganzes Leben ansehen. Weil Bogart immer Bogart ist, geht er in manchen Filmen wie der Elefant im Porzellanladen herum. Aber wir haben dann eher das Gefühl, der

To Have and Have Not

ganze übrige Film sei fehlbesetzt, und das Drehbuch sei schlecht. Im wirklichen Leben denken wir auch zuweilen, daß *wir* richtig spielen, und daß die um uns herum Fehlbesetzungen sind.

Daß die alten Hollywoodfilme nun plötzlich eine Welle des Enthusiasmus auslösen, kann einen durchaus auch mißtrauisch stimmen. Gewiß steckt in dieser Rückschau viel Sehnsucht nach einer bessern Vergangenheit an Stelle einer bessern Gegenwart, gewiß staunt man die alten Gangster an, um die neuen nicht sehen zu müssen. *Eine* Qualität dieser Filme ist jedoch sicher auch, daß sie Erfahrungen, die das Leben nur in Mischformen bereit hält, in 99,9% reiner Form zeigen, wie beim Alkohol. Hollywoodfilme dieser Art sind möglicherweise »verlogen«, aber sie sind auch Spiegelungen elementarer Hoffnungen und Ängste. Darum steigen wir so leicht auf sie ein. In jedem dieser Filme gibt es plötzliche Tode, nicht wiedergutzumachende Schuld, unfaßbares Glück, Erfüllung reiner Liebe, endgültige Abschiede. Vor allem sterben die Menschen auf eine Weise, die in einem angemessenen Verhältnis zu ihrem Leben steht. Niemand verreckt im Landeskrankenhaus, mit Röhrchen in der Nase und Bluttransfusionen. Wir wissen, daß Humphrey Bogart an Krebs gestorben ist. In unsrer Erinnerung aber hat er pathetische Tode, in denen ein leuchtendes Schicksal donnernd zuschlägt. Der Tod ist das notwendige Ende eines intensiven Lebens. »You are rushing towards death, just rushing towards death«, sagt Bogart in HIGH SIERRA zu den jungen Möchtegerngangstern, und er weiß, wovon er spricht. Wie alle Filmgangster kann er verbalisieren, was sein Schicksal ist. Den idealtypischen Tod hat James Cagney in THE ROARING TWENTIES: mit sieben Schüssen aus Bogarts Revolver im Leib stolpert er eine verschneite Treppe hinauf, bis fast oben. Dann bricht er zusammen. Mit wilden Schwüngen stürzt er die Stufen hinunter, tot. Wer von uns wird eine Frau haben, die über unsrer Leiche sagt: »He used to be a big shot?«

Die Schönheit dieser Filme hängt damit zusammen, daß sie elementare Szenen des Lebens, die man auch Clichés nennen mag, in möglichst großer Dichte enthalten. Wie das Leben haben auch diese Filme kein Happyend. Das Unbewußte, das diese Filme visualisieren, erwartet immer die Katastrophe, nie das Glück. Es vergißt nie, daß am Schluß jeden Lebens der Tod steht. Folgerichtig neigen diese Filme dazu, mit heftigen Toden und schmerzlichen Abschieden zu enden. Sie haben nur in dem Sinn ein Happyend, als sie ein Leben in großartiger Weise zu Ende gehen lassen. Sie verleihen unsrer Existenz einen Sinn und bekämpfen unsre Angst, nur vor uns hinzuexistieren und, mit immer mehr Rheuma und immer weniger Rente, langsam dahinzuserbeln.

Die Hollywoodfilme der Dreißiger- und frühen Vierzigerjahre, in denen Bogart mitgespielt hat, sind oft so etwas wie Märchen.

Sie haben mit der Wirklichkeit der Außenwelt relativ wenig zu tun, sondern benützen, wie die Märchen, ein stereotypes Arsenal von Bildern der Außenwelt, um zu illustrieren, was sie eigentlich meinen. Bei allem realistischen Drum und Dran sind Filme wie THE ROARING TWENTIES, DEAD END, ANGELS WITH DIRTY FACES, CASABLANCA oder HIGH SIERRA Aufnahmen aus unserm Innenleben. In ihnen gibt es den Prinzen und die Prinzessin und

The Big Sleep

den grausamen Räuber und den Vater und, am Schluß, den Tod. Märchen, die gut ausgehen, lügen. Es ist undenkbar, daß sich Bogart und Cagney in THE ROARING TWENTIES plötzlich die Hand schütteln und ein Bier trinken gehen, oder daß, in CASABLANCA, Victor Laszlo zu Rick sagt, o. k., wir teilen das Mädchen, du Montag bis Donnerstag, ich Freitag bis Sonntag. Besonders der Gangsterfilm hat im Gegenteil eine radikale Kinderoptik, er sieht die Welt mit einem naiven Blick, der keine

Kompromisse kennt. Wer dieses Minimum an Naivität nicht in den Kinosaal mitbringen kann, dem kommt alles läppisch vor: dem kommen auch Märchen läppisch vor, weil sein analytischer Blick die logischen Brüche sofort aufdeckt. Gangster wie Bogart, Robinson und Cagney hat es nie gegeben: so edle, so böse, so harte, so kühne. (Ach, noch kühner als die kühnsten Tonfilmhelden waren die Helden des Stummfilms. Ist der wahre Held stumm?) Ganz mühelos machen wir die trübsten Spiele der Kinohelden mit, weil wir alle potentielle Mörder sind, werfen wir dem Helden niemals einen Mord vor. Jeder dieser Filme ist die Metapher eines ganzen Lebens, unsres Lebens. Deshalb, nicht weil ein Star teuer ist, wissen wir, daß der Held bis gegen Schluß leben wird. Das beruhigt uns. An ihn können wir uns halten. Wir wissen, was auch immer Schreckliches passiert in den nächsten anderthalb Stunden, er wird überleben. Wenn der Held dann, am Schluß, stirbt, dann ist der Film aus, weil auch das Leben aus ist. (Nicht der geringste Schock von Hitchcocks *Psycho* beruht darauf, daß Janet Leigh, einer der beiden Stars des Films, in den ersten Minuten des Films ermordet wird. Das widerspricht allen legitimen Erwartungen des Zuschauers.)

Ich weine zuweilen im Kino, leider sogar öfter als außerhalb des Kinos. Um die Art meiner Tränen anzudeuten: ich weine in *Doctor Zhivago*, wenn Omar Sharif plötzlich seine verschollene Geliebte sieht, draußen in der Menschenmenge. Er drängt sich durch die Leute, er rennt, er ruft, aber sie spürt das Glück nicht, das so nahe ist, und verschwindet. Ich weine in einem alten französischen Film, in dem Michel Simon ein uralt gewordener Schauspieler ist, der in einer Theateraufführung seines Altersheims zum erstenmal die Hauptrolle spielen kann, die er ein Leben lang gern gespielt hätte. Da steht er auf der Bühne, und die Worte, die er ein Leben lang vor sich hingemurmelt hat, fallen ihm nicht mehr ein. Entsetzt starrt er ins Publikum. Der Prototyp des Tränenfilms ist aber CASABLANCA. Er enthält Tränen verschiedener Qualität. Ingrid Bergman sitzt bei Sam am Klavier, Sam spielt die Melodie, Bogart kommt aus seinem Büro und sagt, ich habe dir doch gesagt, du sollst das nie mehr spielen, Sam macht eine Kopfbewegung, Bogart dreht sich um *und sieht die einzige Frau, die er je geliebt hat.* Die Szene hat die Wucht von Träumen, in denen Tote wieder auferstehen. Und dann: die Nazis singen ihr Nazilied, die Antifaschisten singen die Marseillaise, *und die junge Frau, die gerade eben noch, in*

ihrer Verzweiflung, mit einem deutschen Soldaten angebandelt hatte, singt voller Inbrunst und Leidenschaft. (Inzwischen antizipiere ich diese Stellen und habe sie, weil meine Augen im entscheidenden Moment schon patschnaß sind, eigentlich schon recht lange nicht mehr gesehen.) Das sind, von der Technik des Films her, kalkulierte Rührungsstellen. Aber ein Regisseur muß doch auch erst die Qualität haben, so etwas zu kalkulieren. (Heute sind die Kommerzfilme, von Bronson bis Belmondo, wieder auf der Seite der zynischen, faschistischen Gewalt und nicht mehr auf der Seite der Opfer.) Ich habe oft gelesen, dieser Film sei Michael Curtiz eher so passiert: er habe gar nicht gewußt, was er da tat. Das ist sicher insofern richtig, als Curtiz während der Dreharbeiten wohl kaum abschätzen konnte, *wie* sehr am Schluß alles zusammenstimmen würde. Aber Curtiz war keine blinde Sau, und der Film keine Eichel, die er nur so fand. Ein Künstler weiß nie *genau*, was er tut, aber er tappt auch nicht ahnungslos im Nebel der Inspiration herum. Zum Beispiel hat Curtiz nicht zufällig die deutschen Emigranten in Rollen eingesetzt, die ihrem realen Leben so gräßlich nah entsprachen. Der berühmte Dialog der beiden alten Auswanderer ist so rührend, weil er der Situation der Schauspieler selber entspricht: *Mann:* Sweetnessheart, what watch? *Frau:* Ten watch. *Mann:* Such much?
Man hat Hollywood, und gerade seinen Gangsterfilmen, seine fast zynische Professionalität vorgeworfen. In der Tat werden zuweilen dieselben Zwischenschnitte in verschiedenen Filmen verwendet: warum soll man immer wieder Autojagden drehen, wenn man schon welche hat? Natürlich gibt es immer wieder dieselben Clichés: die Leute sitzen auf den Hintersitzen von Autos und reden. Zeitungen zeigen in Schlagzeilen auf Seite Eins, daß die Taten des Filmhelden einen ordentlichen öffentlichen Aufruhr verursachen. Die Revolver. Die Hüte. Die Musik. Die Taxis, deren Fahrer nie ein Herausgeld geben. Die Kellnerinnen, die schnippisch sind. Und immer wieder geht der Held auf eine Tür zu, man denkt, er geht hinaus, aber nein, unter der Tür dreht er sich nochmals um, und erst jetzt sagt er zu seinem Gegenspieler das eigentlich Wichtige: *By the way,* sagt er, und dann sagt er es. Die Dialoge sind meistens Routine (»Do'nt double-cross me, kid«). Es wird unglaublich viel geredet in Hollywoodfilmen. Es fällt auf, wenn ein Dialog einmal gut d. h. sparsam ist, zum Beispiel, wenn William Faulkner ihn

geschrieben hat (THE BIG SLEEP). Die direkte Abhängigkeit all dieser frühen Filme von der Bühne ist unübersehbar. Der Abstand zur Bühne und ihren Konventionen des dramatischen Ablaufs ist selbst dann gering, wenn der ganze Film unter freiem Himmel spielt (HIGH SIERRA). Viele der berühmtesten Hits waren ja auch ursprünglich Theaterstücke (THE PETRIFIED FOREST, CASABLANCA). Die professionelle Routine führte immerhin dazu, daß diese Filme ohne einen bewußten Kunstanspruch gemacht wurden. Die guten von ihnen wurden gerade dadurch zu »Kunst«.

Die schlechteren Hollywoodfilme allerdings moralisieren zuweilen unerträglich. Humphrey Bogart hat in vielen Zeigefingerfilmen dieser Art mitgespielt. Die Botschaft ist dann zumeist: gib dem Unrecht nicht einmal den kleinsten deiner kleinen Finger, denn es wird deine ganze Hand nehmen. Trink kein Glas zu viel, denn du wirst im Zuchthaus enden. Nimm deinem Nächsten keinen Penny weg, denn du wirst dich in den Netzen der Mafia verstricken. Wirf keinen sehnsüchtigen Blick in den Ausschnitt der Freundin deiner Frau, denn dann geht diese heim zu ihrer Mama und du verkommst im Elend. Sehne dich nicht nach weltlichen Gütern, die andern Leuten gehören, sonst wirst du deinen besten Freund erschießen. Alles läuft als unentrinnbare, schicksalhafte Kettenreaktion ab. In BLACK LEGION etwa hat Humphrey Bogart eine liebe Frau, ein sonniges Kind, ein frisch gestrichenes Häuschen und einen sauber gewaschenen Freund. Er aber will ein Auto und den Posten des Vorarbeiters. Er kriegt beides nicht, und nun tritt er einer faschistischen Organisation bei, beginnt zu trinken, zu lügen und Revolver zu putzen, seine Frau läuft ihm davon, er hat eine andre, die trinkt, und schließlich erschießt er den sauber gewaschenen Freund. Er wird zu lebenslänglichem Zuchthaus verurteilt, und wieder sehen wir einen endgültigen, stummen Abschied, zwischen ihm und seiner Frau, im Gerichtssaal. Nie mehr werden sie sich sehen.

Gewiß sind alle diese Filme mehr oder minder aus der Sicht der Besitzenden gedreht. Wirkliche Gangster drehen keine Filme, sie gangstern. Die Gangster sind solche aus der Vogelperspektive. Ihre Armut ist mit einer gewissen Liebe zur Exotik inszeniert. Und trotzdem: mit wachsendem Zeitabstand zeigen diese Filme immer mehr von der Welt, in der sie entstanden sind. Plötzlich zeigen die Kulissen der Armut auch die Armut selber.

Sabrina

Durch die Clichés hindurch scheint immer deutlicher die Wirklichkeit jener Jahre. Die ausgesparten Sozialkonflikte drängen sich durch die Hintertür in die Filme hinein. DEAD END, als sentimentale Räuberstory geplant, ist heute auch ein Film über die Schwierigkeiten, den Slums zu entkommen. Heute wird deutlich, wie sehr die »eigentlichen« Gangsterfilme Hollywoods zu den Jahren der Depression, der Prohibition und der mächtig werdenden Mafia gehören. Der Zweite Weltkrieg brachte eine neue Zeit, und mit dem Gangsterfilm war es aus.

Niemand, der bei Trost ist, schaut sich Filme so an, wie wir hier von ihnen sprechen. In Wirklichkeit bleiben einem aus Filmen, über die man in Büchern die dichtesten Theorien lesen kann, die merkwürdigsten Nebensächlichkeiten haften: in WE'RE NO ANGELS stehen die drei ausgebrochenen Gangster in der Küche und waschen ab, und es klingelt, und der mit der heiseren Stimme sagt: »Santaclaus.« In TO HAVE AND HAVE NOT lehnt sich Lauren Bacall an den Türpfosten von Bogarts Zimmer und sieht ihn an, leise lächelnd. In THE PETRIFIED FOREST schaut Bette Davis plötzlich ganz rotglühend drein, als sie merkt, daß ihr Besucher ein richtiger Dichter ist. In THE MALTESE FALCON kriegt Peter Lorre von Humphrey Bogart seinen Revolver zurück und sagt, I am so sorry, ich muß Sie zum zweitenmal bitten, die Hände hochzunehmen. In SABRINA schaut Audrey Hepburn so traurig drein, weil niemand, nicht einmal Humphrey Bogart, zu ihr sagt, du hast so schöne Rehaugen und eigentlich sogar eine richtige Brust.

Mehr und mehr komme ich darauf, daß sich in den Bogartfilmen nicht unbedingt und in erster Linie Humphrey Bogart einprägt. Er ist ihnen zuweilen eher eine Art Katalysator, der ruhende Pol. Ohne ihn wären alle die Filme unvorstellbar, er ist in ihnen notwendig wie die Atemluft, aber er zeichnet sich eigentlich nicht durch deutlich hervorstechende Momente aus. Er gibt eher den sicheren Boden ab, auf dem die andern ihre sekundenschnellen, brillianten Volten schlagen können. In CASABLANCA ist Bogart gewiß die Achse, um die der ganze Film sich dreht. Er ist natürlich ungeheuer präsent. Aber wenn wir dann Szenen aus dem Film erzählen, sehen wir eher Sam, der singt, oder das kleine armenische Mädchen, oder den zu Tode geängstigten Peter Lorre, oder den dicken, lieben Kellner. Wir sehen mit den Augen Humphrey Bogarts, wir sehen, was er sieht. Wir werden er. In seinen Filmen hat Bogart gerade darum keine überragenden Einzelmomente, weil er statt dessen die Verläßlichkeit eines stetig geführten Lebens zeigt.

Daten

Von Hans Helmut Prinzler

Biografie

Humphrey DeForest Bogart
geboren am 23. Januar 1899 in New York.
Vater: Dr. Belmont DeForest Bogart, Chirurg.
Mutter: Maud Humphrey Bogart, Malerin und Illustratorin.
Über das Geburtsdatum von Humphrey Bogart sind sich die Biografen nicht einig. Meist ist zu lesen, daß Bogart Weihnachten 1899 (oder 1900) auf die Welt gekommen sei. Offenbar haben sich dieses Datum die PR-Manager der Firma Warner Bros. ausgedacht, denn bis Mitte der Dreißiger Jahre ist in biografischen Quellen deutlich der 23. 1. 1899 ausgewiesen. – Als Sohn einer gutbürgerlichen Familie der New Yorker Westside besucht Humphrey die Trinity Grammar School in New York. Nachbar der Bogarts ist die Familie des Theaterproduzenten William A. Brady, mit deren Sohn Bill sich Humphrey anfreundet. Für die Schulzeit wird ihm schlechtes Betragen nachgesagt. Er hat zwei jüngere Schwestern. Zur Vorbereitung eines Medizinstudiums an der Yale University besucht Bogart die Phillips' Academy in Andover/Massachusetts. 1917 wird er zur Navy eingezogen und dient auf dem Truppentransporter »Leviathan«. Ob aus dieser Zeit eine Gesichtsverletzung stammt (Folge: Lippennarbe, lispelndes Sprechen), ist strittig. Nach dem Krieg wird Bogart »Mädchen für alles« bei dem Theaterproduzenten Brady. Ab 1920 betreut er als Manager Bradys Tourneetheater und versucht sich dabei erstmals auch als Schauspieler. Offenbar mit Erfolg, denn bis 1930 arbeitet er vorwiegend als Theaterschauspieler. Nach den ersten Filmen (ab 1930) für die Fox pendelt Bogart, zum Teil sehr enttäuscht von der Filmarbeit, zwischen Hollywood und New York. Erst mit der Rolle des Gangsters in THE PETRIFIED FOREST, die er auch auf der Bühne gespielt hat, kann er sich bei Warner Brothers als Schauspieler durchsetzen. Für dieses Studio dreht Bogart fast alle seine Filme, so auch den erfolgreichsten Film der Firma, CASABLANCA. Er arbeitet mit sehr vielen verschiedenen Regisseuren zusammen, mehrmals mit Lloyd Bacon (7 mal), Michael Curtiz und John Huston (je 6 mal), Lewis Seiler (5 mal), Raoul Walsh (4 mal), Ray Enright (3 mal), Irving Cummings, Mervyn LeRoy, Archie Mayo, William Wyler, Vincent Sherman, Howard Hawks, Curtis Bernhardt, Nicholas Ray, Stuart Heisler, Richard Brooks und Edward Dmytryk (je 2 mal). 1947 gründet Bogart eine eigene Produktionsgesellschaft, »Santana« (so genannt

nach seinem Schiff), für die er in vier Filmen spielt. 1952 erhält er einen Oscar für seine Darstellung in THE AFRICAN QUEEN.
Verheiratet:
1926–27 mit Helen Menken, Schauspielerin
1928–37 mit Mary Phillips, Schauspielerin
1938–45 mit Mayo Methot, Schauspielerin
1945–57 mit Lauren Bacall, Schauspielerin.
Zwei Kinder: Stephen (geb. 1949), Leslie (geb. 1952).
Am 14. Januar 1957 stirbt Bogart in Hollywood an Krebs. Seine Urne ist in einer Grabkammer auf dem Forest Lawn Friedhof in Hollywood bestattet.

Filmografie

Die Filmografie enthält die einschlägigen Angaben zu 75 Filmen, in denen Humphrey Bogart Haupt- oder Nebenrollen gespielt hat. Sechs Auftritte in Kleinstrollen oder zu Wohltätigkeitszwecken sind ebenfalls vermerkt. – Für die Zusammenstellung des künstlerischen Stabes, der Darsteller und der Produktionsangaben sowie für die kurzen Inhaltsangaben mit dem Hinweis auf Bogarts Rolle wurden vorwiegend folgende Quellen benutzt: das Buch von Clifford McCarty (s. Bibliografie), das besonders zuverlässig zu sein scheint und in seinen filmografischen Angaben noch ausführlicher ist als es uns aus Platzgründen möglich sein kann; verschiedene Jahrgänge des »Film Daily Year Book of Motion Pictures« (New York); verschiedene Jahrgänge des »International Motion Picture Almanac« (New York); John T. Weaver: Forty Years of Screen Credits 1929–1969. Vol. 1: A-J/Vol. 2: K-Z. Metuchen, N. J.: Scarecrow Press 1970; Arthur Wilson: The Warner Bros. Golden Anniversary Book. New York: Film and Venture 1973; James Robert Parish und Michael R. Pitts: Film Directors: A Guide to Their American Films. Metuchen, N. J.: Scarecrow Press 1974; die Handbücher der Katholischen Filmkritik; der Verleihkatalog 1974/75 von Filmecho/Filmwoche. – Hilfeleistungen: Beta-Film (München), Deutsches Institut für Filmkunde (Wiesbaden), ARD-Filmredaktion (Frankfurt), ZDF-Filmredaktion (Mainz), die Filmredaktionen des WDR III (Köln), des HR III (Frankfurt), des NDR III (Hamburg), des BR III (München) und von S 3 (Saarbrücken), Manfred Delling und besonders Peter Schulz.

Abkürzungen: R = Regie (director), B = Buch (screenplay), K = Kamera (director of photography), Sch = Schnitt (film editor), M = Musik, Ba = Bauten (art director), A = Ausstattung (set decorations), Ko = Kostüme (costumes, gowns, wardrobe), D = Darsteller, P = Produktionsgesellschaft, Pd = Produzent (producer, auch: executive producer), Bt. Pd = Beteiligter Produzent (associate producer), F = Format, sw = schwarz-weiß, OL = Originallänge, DL = Länge der deutschen Kinofassung, U = Uraufführung (release date), DE = Deutsche Erstaufführung bzw. Erstaufführung in der BRD, TV = Fernsehausstrahlungen in der Bundesrepublik, V = Verleih in der Bundesrepublik, soweit noch kommerzielle Rechte bestehen. Die Jahreszahlen vor dem Titel geben das Produktionsdatum an. Die Filme sind in der Reihenfolge aufgeführt, in der sie gedreht wurden.

1930 BROADWAY'S LIKE THAT. – R: Murray Roth. – B: Stanley Rauh. – M: Harold Levey. – D: Ruth Etting, Joan Blondell, Bogart. – P: Vitaphone Corp. für Warner Bros. – Vitaphone Varieties No. 960. – OL: 10 min. – *Kurze musikalische Komödie. Bogart – in seiner ersten Filmrolle – ist der Partner von Ruth Etting in einer kurzen Restaurantszene.*

1930 A DEVIL WITH WOMEN. – R: Irving Cummings. – B: Dudley Nichols, Henry M. Johnson, nach dem Roman *Dust and Sun* von Clements Ripley. – K: Arthur Todd. – Sch: Jack Murray. – M: Peter Brunelli. – Ba: William Darling. – D: Victor McLaglen (Jerry Maxton), Mona Maris (Rosita Fernandez), Bogart (Tom Standish), Luana Alcaniz (Dolores), Michael Vavitch (Morloff), Soledad Jiminez, Mona Rico. – P: Fox. – Bt. Pd: George Middleton. – F: 35 mm, sw. – OL: 76 min. – U: 19. 10. 30. – In Deutschland nicht verliehen. – *Abenteuer in einer mittelamerikanischen Bananenrepublik. Ein Glücksritter (McLaglen) jagt einen Banditen (Vavitch). Bogart spielt einen reichen Nichtstuer, der die Jagd begleitet und am Ende die Frau für sich gewinnt, auf die es der Glücksjäger eigentlich abgesehen hat.*

1930 UP THE RIVER. – R: John Ford. – B: Maurine Watkins. – K: Joseph August. – Sch: Frank Hull. – D: Spencer Tracy (St. Louis), Claire Luce (Judy), Warren Hymer (Dannemora Dan), Bogart (Steve), William Collier sen., Joan Marie Lawes, George MacFarlane. – P: Fox. – F: 35 mm, sw. – OL: 92 min. – U: 12. 10. 30. – In Deutschland nicht verliehen. – *Bogart spielt einen Häftling, der sich in eine Mitgefangene verliebt. Nach seiner Entlassung wartet er auf sie, um trotz Intrigen ein neues Leben mit ihr zu beginnen.*

1930/31 BODY AND SOUL. – R: Alfred Santell. – B: Jules Furthman, nach dem Stück *Squadrons* von A. E. Thomas, nach der Story *Big Eyes and Little Mouth* von Elliott White Springs. – K: Glen MacWilliams. – Sch: Paul Weatherwax. – M: Peter Brunelli. – Ba: Anton Grot. – D: Charles Farrell (Mal Andrews), Elissa Landi (Carla), Bogart (Jim Watson), Myrna Loy (Alice), Donald Dillaway, Craufurd Kent, Pat Somerset. – P: Fox. – F: 35 mm, sw. – OL: 83 min. – U: 15. 3.

31. – In Deutschland nicht verliehen. – *Bogart spielt einen amerikanischen Piloten im Ersten Weltkrieg, der getötet wird, als er in Frankreich einen deutschen Aufklärungsballon angreift. Sein Kamerad zerstört den Ballon und sorgt dafür, daß dem toten Piloten posthume Ehren zuteil werden.*

1931 BAD SISTER. – R: Hobart Henley. – B: Raymond L. Schrock, Tom Reed. – K: Karl Freund. – Sch: Ted Kent. – D: Conrad Nagel (Dick Lindley), Sidney Fox (Marianne), Bette Davis (Laura), ZaSu Pitts (Minnie), Slim Summerville (Sam), Charles Winninger (Mr. Madison), Emma Dunn (Mrs. Madison), Bogart (Valentine Corliss), Bert Roach, David Durand. – P: Universal. – Pd: Carl Laemmle. – F: 35 mm, sw. – OL: 71 min. – U: 5. 4. 31. – In Deutschland nicht verliehen. – *Rührstück über die verdorbene Tochter eines reichen Industriellen. Bogart spielt einen Betrüger.*

1931 WOMEN OF ALL NATIONS. – R: Raoul Walsh. – B: Barry Connors, nach Figuren von Laurence Stallings und Maxwell Anderson. – K: Lucien Andriot. – Sch: Jack Dennis. – M: Reginald H. Bassett. – Ba: David Hall. – D: Victor McLaglen (Sgt. Flagg), Edmund Lowe (Sgt. Quirt), Greta Nissen (Elsa), El Brendet (Olsen), Fifi Dorsay

(Fifi), Marjorie White (Pee Wee), T. Roy Barnes (Marinekapitän), Bela Lugosi (Prinz Hassan), Bogart (Stone). – P: Fox. – F: 35 mm, sw. – OL: 72 min. – U: 31. 5. 31. – In Deutschland nicht verliehen. – *Bogart spielt eine kleine Rolle als Marinesoldat.*

1931 A HOLY TERROR. – R: Irving Cummings. – B: Ralph Block, nach dem Roman *Trailin'* von Max Brand. – K: George Schneiderman. – Sch: Ralph Dixon. – D: George O'Brien (Tony Bard), Sally Eilers (Jerry Foster), Rita LaRoy (Kitty), Bogart (Steve Nash), James Kirkwood (William Drew), Stanley Fields, Robert Warwick, Richard Tucker. – P: Fox. – Bt. Pd: Edmund Grainger. – F: 35 mm, sw. – OL: 53 min. – U: 19. 7. 31. – In Deutschland nicht verliehen. – *Western. Bogart spielt einen schurkischen Vorarbeiter auf einer Ranch.*

1932 LOVE AFFAIR. – R: Thornton Freeland. – B: Jo Swerling, nach einer Story von Ursula Parrott. – K: Ted Tetzlaff. – Sch: Jack Dennis. – D: Dorothy Mackaill (Carol), Bogart (Jim Leonard), Jack Kennedy (Gilligan), Barbara Leonard (Felice), Astrid Allwyn, Bradley Page. – P: Columbia. – F: 35 mm, sw. – OL: 68 min. – U: 17. 4. 32. – In Deutschland nicht verliehen. – *Romantische Story über die Liebesaffäre einer reichen, jungen Erbin. In seiner ersten Hauptrolle spielt Bogart einen Flugzeugingenieur, der der Heldin das Fliegen beibringt und ihre Liebe erringt.*

1932 BIG CITY BLUES. – R: Mervyn LeRoy. – B: Ward Morehouse, Lillie Hayward, nach dem Stück *New York Town* von Morehouse. – K: James Van Trees. – Sch: Ray Curtis. – M: Ray Heindorf, Bernhard Kaun. – D: Joan Blondell (Vida), Eric Linden (Bud), Inez Courtney (Faun), Evalyn Knapp (Jo-Jo), Guy Kibbee (Hummel), Lyle Talbot (Sully), Gloria Shea (Agnes), Walter Catlett (Gibbony), Bogart

(Adkins). – P: Warner Bros. – F: 35 mm, sw. – OL: 65 min. – U: 10. 9. 32. – In Deutschland nicht verliehen. – *Bogart spielt den mordverdächtigen Besucher einer Party.*

1932 THREE ON A MATCH. – R: Mervyn LeRoy. – B: Lucien Hubbard, nach einer Story von Kubec Glasmon und John Bright. – K: Sol Polito. – Sch: Ray Curtis. – M: Ray Heindorf. – Ba: Robert Haas. – D: Joan Blondell (Mary Keaton), Warren William (Henry Kirkwood), Ann Dvorak (Vivian), Bette Davis (Ruth), Lyle Talbot (Mike Loftus), Bogart (»The Mug«), Patricia Ellis, Sheila Terry, Grant Mitchell. – P: First National für Warner Bros. – F: 35 mm, sw. – OL: 64 min. – U: 29. 10. 32. – In Deutschland nicht verliehen. – *Über das turbulente Leben von drei Freundinnen. Bogart spielt einen Gangster, der engagiert wird, einen Jungen zu kidnappen.*

1934 MIDNIGHT. – R und B: Chester Erskine, nach dem Stück von Paul und Claire Sifton. – D: Sidney Fox (Stella Weldon), O. P. Heggie (Edward Weldon), Henry Hull (Nolan), Margaret Wycherly (Mrs. Weldon), Lynne Overman (Joe Biggers), Katherine Wilson (Ada Biggers), Richard Whorf (Arthur Weldon), Bogart (Garboni). – P: All-Star für Universal. – Pd: Chester Erskine. – F: 35 mm, sw. – OL: 80 min. – U: 7. 3. 34. – In Deutschland nicht verliehen. – *Bogart spielt einen Gangster, der von einer Frau (Fox) erschossen wird, weil er sie verschmäht.*

1935 THE PETRIFIED FOREST. Der versteinerte Wald. – R: Archie Mayo. – B: Charles Kenyon, Delmer Daves, nach dem Stück von Robert E. Sherwood. – K: Sol Polito. – Sch: Owen Marks. – M: Bernhard Kaun. – Ba: John Hughes. – Ko: Orry-Kelly. – D: Leslie Howard (Alan Squier), Bette Davis (Gabrielle Maple), Geneviève Tobin (Mrs. Chisholm), Dick Foran (Boze Hertzlinger), Bogart (Duke Mantee), Joseph Sawyer, Porter Hall, Charley Grapewin, Paul Harvey. – P: Warner Bros. – Bt. Pd: Henry Blanke. – F: 35 mm, sw. – OL: 83 min. – U: 21. 1. 36. – TV: 19. 5. 65 (ARD). – In Deutschland nicht verliehen. – *Ein Schriftsteller (Howard) trampt ziellos durch Amerika und kommt dabei an eine Tankstelle in der Wüste von Arizona. Dort begegnet er in der dazugehörigen Kneipe einer Kellnerin, die davon träumt, eines Tages in ihr Geburtsland Frankreich zurückzukehren. Die beiden empfinden große Sympathie füreinander. Der Schriftsteller zieht weiter, wird aber unterwegs von Banditen gezwungen, mit ihnen zur Tankstelle zurückzukehren. Während die Gangster ihre Flucht nach Mexiko vorbereiten, entschließt sich der Schriftsteller zu einer ungewöhnlichen Tat: er überschreibt seine Lebensversicherungspolice auf die Kellnerin und bittet den Gangsterchef (Bogart), ihn zu töten, was dieser aber ablehnt. Der Schriftsteller stirbt in den Armen der Kellnerin, nachdem die Polizei die Kneipe gestürmt hat. – Howard und Bogart spielten die entsprechenden Rollen auch in einer Broadway-Inszenierung im Januar 1935. In einer Fernseh-Inszenierung 1955 (Produktion: NBC, Regie: Delbert Mann) spielten Henry Fonda den Schriftsteller, Lauren Bacall die Kellnerin und Bogart wiederum den Gangsterboss.*

1936 TWO AGAINST THE WORLD/ONE FATAL HOUR. Zwei gegen die Welt. – R: William McGann. – B: Michel Jacoby, nach dem Stück *Five Star Final* von Louis Weitzenkorn. – K: Sid Hickox. – Sch: Frank Magee. – M: Heinz Roemheld. – Ba: Esdras Hartley. – D: Bogart (Sherry Scott), Beverly Roberts (Alma Ross), Helen MacKellar (Martha Carstairs), Henry O'Neill (Jim Carstairs), Linda Perry (Edith Carstairs), Carlyle Moore jr., Virginia Brissac, Robert Middlemass. – P: First National für Warner Bros. – Bt. Pd: Bryan Foy. – F: 35 mm, sw. – OL: 64 min. – U: 11. 7. 36. – TV: 17. 8. 68 (WDR III), 29. 6. 72 (HR

III). – In Deutschland nicht verliehen. – *Eine kommerzielle amerikanische Radiostation gräbt aus Sensationsgier einen 20 Jahre alten Justizfall aus und treibt die ehemals Beteiligten in den Selbstmord. Bogart spielt den Manager der Station, der sich zusammen mit seiner Sekretärin gegen die egoistischen Interessen seines Chefs, des Besitzers, stellt. Es gelingt ihm, die staatliche Überwachungsbehörde davon zu überzeugen, daß gegen die kommerziellen Auswüchse vorgegangen werden muß.*

1936 BULLETS OR BALLOTS. Wer regiert die Stadt? – R: William Keighley. – B: Seton I. Miller, nach einem Originalstoff von Martin Mooney und Miller. – K: Hal Mohr. – Sch: Jack Killifer. – M: Heinz Roemheld. – Ba: Carl Jules Weyl. – D: Edward G. Robinson (Johnny Blake), Joan Blondell (Lee Morgan), Barton MacLane (Al Kruger), Bogart (Nick »Bugs« Fenner), Frank McHugh (Herman), Joseph King, Richard Purcell, George E. Stone, Joseph Crehan, Henry O'Neill. – P: First National für Warner Bros. – Bt. Pd: Louis F. Edelman. – F: 35 mm, sw. – OL: 81 min. – U: 18. 5. 36. – TV: 27. 5. 67/7. 12. 69 (WDR III), 4. 12. 70/4. 2. 72 (BR III), 5. 2. 71 (HR III). – In Deutschland nicht verliehen. – *Ein Polizeibeamter (Robinson) erschleicht sich das Vertrauen einer Gangsterbande, um deren Hintermänner zu entlarven. Er wird der Boss der Bande und bekommt Zugang zu den einflußreichsten Drahtziehern der New Yorker Unterwelt. Da der zweite Mann der Bande (Bogart) mißtrauisch bleibt und schließlich den Beamten enttarnt, kommt es am Ende zu einer Schießerei, in deren Verlauf Bogart von Robinson erschossen wird; der tödlich getroffene Robinson kann seine Entdeckungen noch seinem Vorgesetzten mitteilen.*

1936 CHINA CLIPPER. – R: Ray Enright. – B: Frank Wead. – K: Arthur Edeson. – Sch: Owen Marks. – M: Berhard Kaun, W. Franke Harling. – Ba: Max Parker. – Ko: Orry-Kelly. – D: Pat O'Brien (Dave

Logan), Beverly Roberts (Jean Logan), Ross Alexander (Tom Collins), Bogart (Hap Stuart), Marie Wilson (Sunny Avery), Henry B. Walthall, Joseph Crehan, Joseph King, Addison Richards. – P: First National für Warner Bros. – Bt. Pd: Louis F. Edelman. – F: 35 mm, sw. – OL: 85 min. – U: 12. 8. 36. – In Deutschland nicht verliehen. – *Hap Stuart (Bogart) ist Pilot bei Dave Logan (O'Brien), einem Unternehmer, der besessen ist von der Idee, eine transpazifische Fluglinie zwischen Amerika und China zu eröffnen. Nach mehreren Rückschlägen, Finanzierungsschwierigkeiten und einer vorübergehenden Trennung der beiden Männer fliegt Stuart schließlich im harten Kampf gegen Zeit und Wetter einen Klipper nach China. Ein Exempel ist statuiert, ein Geschäft ist allerdings nicht zu machen.*

1936 ISLE OF FURY. – R: Frank McDonald. – B: Robert Andrews, William Jacobs, nach dem Roman *The Narrow Corner* von William Somerset Maugham. – K: Frank Good. – Sch: Warren Low. – M: Howard Jackson. – Ba: Esdras Hartley. – Ko: Orry-Kelly. – D: Bogart (Val Stevens), Margaret Lindsay (Lucille), Donald Woods (Eric Blake), Paul Graetz, Gordon Hart, E. E. Clive, George Regas, Sidney Bracy. – P: Warner Bros. – Bt. Pd: Bryan Foy. – F: 35 mm, sw. – OL: 60 min. – U: 2. 12. 36. – In Deutschland nicht verliehen. – *Val Stevens (Bogart), der, jung verheiratet, mit seiner Frau Lucille auf einer Südseeinsel lebt, rettet Eric Blake aus Seenot. Zwischen Lucille und Blake entwickelt sich eine Romanze. Bei einer Konfrontation stellt sich heraus, daß Val in den Staaten von der Polizei gesucht wird und Erik ein Detektiv ist, der ihn schnappen soll. Angetan von dem neuen Leben, das Val führt, schließt Eric den Fall ab und verläßt die Insel.*

1936 THE GREAT O'MALLEY. Ordnung ist das halbe Leben. – R: William Dieterle. – B: Milton Krims, Tom Reed, nach der Story *The Making of O'Malley* von Gerald Beaumont. – K: Ernest Haller. – Sch: Warren Low. – M: Heinz Roemheld. – Ba: Hugh Reticker. – Ko: Milo Anderson. – D: Pat O'Brien (James Aloysius O'Malley), Sybil Jason (Barbara Phillips), Bogart (John Phillips), Ann Sheridan (Judy Nolan), Frieda Inescort (Mrs. Phillips), Donald Crisp (Capt. Cromwell), Henry O'Neill, Craig Reynolds, Hobart Cavanaugh. – P: Warner Bros. – Bt. Pd: Harry Joe Brown. – F: 35 mm, sw. – OL: 71 min. – U: 9. 3. 37. – TV: 30. 12. 62 (DFS, 1. Programm). – In Deutschland nicht verliehen. – *Der Polizist O'Malley wandelt sich durch einige Erlebnisse vom paragraphenfixierten Beamten zum hilfsbereiten Menschen. Bogart ist sein »Gegenspieler«: ein Arbeitsloser, der durch die Kleinlichkeit des Polizisten die Chance für eine Anstellung verliert, ins Gefängnis kommt, nach seiner Freilassung O'Malley durch einen Schuß verletzt, dank dessen Verständnis aber wieder Boden unter die Füße bekommt.*

1936 BLACK LEGION. Geheimbund »Schwarze Legion«. – R: Archie Mayo. – B: Abem Finkel, William Wister Haines, nach einem Originalstoff von Robert Lord. – K: George Barnes. – Sch: Owen Marks. – M: Bernhard Kaun. – Ba: Robert Haas. – Ko: Milo Anderson. – D: Bogart (Frank Taylor), Dick Foran (Ed Jackson), Erin O'Brien-Moore (Ruth Taylor), Ann Sheridan (Betty Grogan), Robert Barrat, Helen Flint, Joseph Sawyer, Addison Richards, Eddie Acuff, John Litel. – P: Warner Bros. – Bt. Pd: Robert Lord. – F: 35 mm, sw. – OL: 83 min. – U: 30. 12. 36. – TV: 29. 8. 64 (ARD), 20. 4. 68/4. 7. 69 (WDR III), 20. 12. 69 (HR III). – In Deutschland nicht verliehen. –

Bogart spielt einen Arbeiter, der sich aus Verbitterung – er verliert seine Vorarbeiterposition an einen Ausländer – einer »patriotischen« Organisation anschließt, die sich als regelrechte Gangsterbande erweist. Er identifiziert sich mit dem Geheimbund so stark, daß er schließlich seinen besten Freund erschießt, weil er ihm im Rausch einige Geheimnisse der Organisation verraten hatte. Vor Gericht kommt er zur Vernunft, liefert der Anklage das notwendige Material gegen die Bande und wird selbst zu lebenslänglicher Gefängnisstrafe verurteilt.

1937 SAN QUENTIN. – R: Lloyd Bacon. – B: Peter Milne, Humphrey Cobb, nach einem Originalstoff von Robert Tasker und John Bright. – K: Sid Hickox. – Sch: William Holmes. – M: Heinz Roemheld. – Ba: Esdras Hartley. – Ko: Howard Shoup. – D: Pat O'Brien (Capt. Stephen Jameson), Bogart (Joe »Red« Kennedy), Ann Sheridan (May Kennedy), Barton MacLane (Lt. Druggin), Joseph Sawyer (Boy Hansen), Veda Ann Borg, James Robbins, Joseph King. – P:

First National für Warner Bros. – Bt. Pd: Samuel Bischoff. – F: 35 mm, sw. – OL: 70 min. – U: 6. 8. 37. – In Deutschland nicht verliehen. – *Im Zuchthaus San Quentin versucht ein Aufseher (O'Brien) neue Methoden der Gefangenenbetreuung. Zu seinen Schützlingen gehört der wegen Raubes verurteilte Joe Kennedy (Bogart). Der Aufseher verliebt sich in Kennedys Schwester. Als dieser davon erfährt, nutzt er eine Fluchtmöglichkeit, um den Aufseher zur Rechenschaft zu ziehen. Er läßt sich jedoch von den ehrlichen Absichten des Liebespaares überzeugen und will freiwillig nach San Quentin zurückkehren. Unterwegs wird er von Polizisten erschossen.*

1936 MARKED WOMAN. – R: Lloyd Bacon. – B: Robert Rossen, Abem Finkel. – K: George Barnes. – Sch: Jack Killifer. – M: Bernhard Kaun, Heinz Roemheld. – Ba: Max Parker. – Ko: Orry-Kelly. – D: Bette Davis (Mary Dwight), Bogart (David Graham), Lola Lane (Gabby Marvin), Isabel Jewell (Emmy Lou Egan), Eduardo Cianelli, Rosalind Marquis, Mayo Methot, Jane Bryan, Allen Jenkins, John Litel, Henry O'Neill. – P: First National für Warner Bros. – Bt. Pd: Louis F. Edelman. – F: 35 mm, sw. – OL: 96 min. – U: 26. 2. 37. – In Deutschland nicht verliehen. – *Bogart spielt einen Bezirks-Staatsanwalt, der die verbrecherischen Machenschaften eines New Yorker Nachtclubbesitzers aufdeckt. Dabei ist ihm ein Barmädchen (Davis) behilflich, deren Schwester im Club getötet wird.*

1937 KID GALAHAD. Kid Galahad. – R: Michael Curtiz. – B: Seton I. Miller, nach dem Roman von Francis Wallace. – K: Tony

Gaudio. – Sch: George Amy. – M: Heinz Roemheld, Max Steiner. – Ba: Carl Jules Weyl. – Ko: Orry-Kelly. – D: Edward G. Robinson (Nick Donati), Bette Davis (Fluff), Bogart (Turkey Morgan), Wayne Morris (Ward Guisenberry), Jane Bryan (Marie Donati), Harry Carey (Silver Jackson), William Haade, Soledad Jiminez, Joe Cunningham, Ben Welden. – P: Warner Bros. – Bt. Pd: Samuel Bischoff. – F: 35 mm, sw. – OL: 101 min. – U: 4. 5. 37. – TV: 28. 9. 68/4. 4. 71 (WDR III). – In Deutschland nicht verliehen. – *Ward Guisenberry, ein ehemaliger Hotelpage, wird von dem Boxmanager Donati zum Champion »Kid Galahad« aufgebaut. Als Objekt rivalisierender Banden ist seine Karriere ein abgekartetes Spiel. Kid verliebt sich in Donatis Schwester. Aus Zorn über diese Beziehung handelt Donati mit dem Gangsterboss Turkey Morgan (Bogart) einen für Kid aussichtslosen Kampf aus. Am Ende des Kampfes ist Kid Galahad Weltmeister – Morgan wird von Donati erschossen, der Manager stirbt ebenfalls.*

1937 DEAD END. Sackgasse. – R: William Wyler. – B: Lillian Hellman, nach einem Stück von Sidney Kingsley. – K: Gregg Toland. – Sch: Daniel Mandell. – M: – Ba: Richard Day. – A: Julia Heron. – Ko: Omar Kiam. – D: Sylvia Sidney (Drina), Joel McCrea (Dave Connell), Bogart (»Baby Face« Martin), Wendy Barrie (Kay Burton), Claire Trevor (Francey), Allen Jenkins (Hunk), Marjorie Main, Billy Halop, Huntz Hall, Bobby Jordan, Leo Gorcey, Gabriel Dell, Ward Bond. – P: Samuel Goldwyn für United Artists. – Bt. Pd: Merritt Hulburd. – F: 35 mm, sw. – OL: 93 min. – U: 3. 8. 37. – TV: 18. 11. 74 (ZDF). – In Deutschland nicht verliehen. – *Bogart spielt den berüchtigten Killer »Baby Face«, der eines Tages in die New Yorker East River Street, wo er seine Kindheit verbracht hat, zurückkehrt, um seine Mutter zu besuchen. Obwohl Baby Face, der von der Polizei gesucht wird, durch eine Gesichtsoperation äußerlich verändert ist, wird er von seinem früheren Spielkameraden Dave (McCrea) erkannt. Als seine Mutter ihn abweist, bereitet Baby Face in der Gegend einen Coup vor. Dave will dies verhindern und tötet ihn nach einer Schlägerei bei einem Schußwechsel. Eine Gang von Jugendlichen, für die Baby Face ein Idol war, wird dadurch zur Vernunft gebracht.*

1937 STAND-IN. – R: Tay Garnett. – B: Gene Towne, Graham Baker, nach einer Serie von Clarence Kelland. – K: Charles Clarke. – Sch: Otho Lovering, Dorothy Spencer. – M: Heinz Roemheld. – Ba: Alexander Toluboff. – Ko: Helen Taylor. – D: Leslie Howard (Atterbury Dodd), Joan Blondell (Lester Plum), Bogart (Douglas Quintain), Alan Mowbray (Koslofski), Marla Shelton, C. Henry Gordon. – P: Walter Wanger für United Artists. – F: 35 mm, sw. – OL: 90 min. – U: 5. 10. 37. – In Deutschland nicht verliehen. – *Ein New Yorker Bankhaus schickt einen jungen Angestellten nach Hollywood, um die wirtschaftliche Situation eines Studios auszukundschaften, an dem die Bank beteiligt ist. Er wandelt sich – nicht zuletzt durch die Liebe zum Double der Hauptdarstellerin – vom zahlenfixierten Bürokraten zum verständnisvollen Förderer des Filmstudios, und es gelingt ihm, einen drohenden Verkauf an einen Konkurrenten abzuwenden. – Bogart spielt einen Produktionsleiter, der in den launischen Star des Studios verliebt und dem Alkohol verfallen ist. Aber auch er wirkt an der Rettung des Unternehmens mit.*

1937 SWING YOUR LADY. – R: Ray Enright. – B: Joseph Schrank, Maurice Leo, nach dem Stück von Kenyon Nicholson und Charles Robinson. – K: Arthur Edeson. – Sch: Jack Killifer. – M: Adolph Deutsch. – Ba: Esdras Hartley. – Ko: Howard Shoup. – D: Bogart (Ed Hatch), Frank McHugh (Popeye Bronson), Louise Fazenda (Sadie Horn) Nat Pendleton (Joe Skopapoulos), Penny Singleton, Allen Jenkins, Leon Weaver, Frank Weaver, Elviry Weaver, Ronald Reagan. – P: Warner Bros. – Bt. Pd: Samuel Bischoff. – F: 35 mm, sw. – OL: 79 min. – U: 10. 1. 38. – In Deutschland nicht verliehen. – *Bogart*

spielt den Manager eines drittklassigen Ringers, der nur ein dörfliches Publikum zufriedenstellt. Als die Geschäfte gar nicht mehr gehen, arrangiert der Manager Kämpfe mit dem weiblichen Schmied eines Dorfes. Doch der Ringer verliebt sich in seine Gegnerin und kämpft (erfolgreich) gegen einen örtlichen Konkurrenten um die Gunst der Amazone und gibt dann seinen Job auf.

1938 MEN ARE SUCH FOOLS. – R: Busby Berkeley. – B: Norman Reilly Raine, Horace Jackson, nach dem Roman von Faith Baldwin. – K: Sid Hickox. – Sch: Jack Killifer. – M: Heinz Roemheld. – Ba: Max Parker. – Ko: Howard Shoup. – D: Wayne Morris (Jimmy Hall), Priscilla Lane (Linda Lawrence), Bogart (Harry Galleon), Hugh Herbert, Penny Singleton, Johnnie Davis, Mona Barrie. – P: Warner Bros. – Bt. Pd: David Lewis. – F: 35 mm, sw. – OL: 70 min. – U: 17. 6. 38. – In Deutschland nicht verliehen. – *Die ehrgeizige Sekretärin Linda Lawrence (Lane) steigt in einer Werbeagentur zur Managerin auf. Sie heiratet einen ehemaligen Football-Star, bleibt jedoch berufstätig. Zu den Männern, die ihr den Hof machen, gehört auch ihr einflußreicher Kollege Harry (Bogart). Als Lindas Ehe zu scheitern droht, täuscht sie eine Reise mit Harry nach Paris vor. Ihr Mann, dadurch auf die Probe gestellt, gewinnt ihre Liebe zurück.*

1938 CRIME SCHOOL. Schule des Verbrechens. – R: Lewis Seiler. – B: Crane Wilbur, Vincent Sherman, nach einem Originalstoff von Wilbur. – K: Arthur Todd. – Sch: Terry Morse. – M: Max Steiner. – Ba: Charles Novi. – Ko: N'Was McKenzie. – D: Bogart (Mark Braden), Gale Page (Sue Warren), Billy Halop (Frankie Warren), Bobby Jordan (Squirt), Huntz Hall (Goofy), Leo Gorcey (Spike Hawkins), Bernard Punsley, Gabriel Dell, George Offerman jr., Weldon Heyburn. – P: First National für Warner Bros. – Bt. Pd: Bryan Foy. – F: 35 mm, sw. – OL: 86 min. – U: 11. 5. 38. – TV: 20. 7. 68/22. 8. 69 (WDR III). – In

Deutschland nicht verliehen. – *Sechs Jungen, die sich in New York zu einer Bande zusammengeschlossen haben, werden in eine Besserungsanstalt eingewiesen. Bogart spielt einen Bezirksbeauftragten, der den bruta-*

len und korrupten Leiter der Anstalt entläßt und durch seine liberale Haltung die zunächst widerstrebenden Jungen für sich gewinnt.

1938 THE AMAZING DR. CLITTERHOUSE. – R: Anatole Litvak. – B: John Wexley, John Huston, nach dem Stück von Barré Lyndon. – K: Tony Gaudio. – Sch: Warren Low. – M: Max Steiner. – Ba: Carl Jules Weyl. – Ko: Milo Anderson. – D: Edward G. Robinson (Dr. Clitterhouse), Claire Trevor (Jo Keller), Bogart (Rocks Valentine), Allen Jenkins (Okay), Donald Crisp (Inspektor Lane), Gale Page, Henry O'Neill, John Litel, Curt Bois, Ward Bond, Vladimir Sokoloff. – P: First National für Warner Bros. – Bt. Pd: Robert Lord. – F: 35 mm, sw. – OL: 87 min. – U: 21. 6. 38. – In Deutschland nicht verliehen. – *Für ein Buch über physiologische Reaktionen bei Straftätern recherchiert der Wissenschaftler Dr. Clitterhouse vor Ort: er wird Mitglied einer Gangsterbande, die Rocks Valentine (Bogart) anführt. Nach erfolgreicher Untersuchungsarbeit während zahlreicher Einbrüche entfernt sich Clitterhouse von der Bande, wird aber von Valentine verfolgt und erpreßt, bei der Bande zu bleiben. Der Doktor vergiftet den Gangsterboss und erhofft sich von der Beobachtung der Todeskämpfe Material für das letzte Kapitel seines Buches. Er wird wegen Mordes vor Gericht gestellt und wegen Unzurechnungsfähigkeit freigesprochen.*

1938 RACKET BUSTERS. – R: Lloyd Bacon. – B: Robert Rossen, Leonardo Bercovici. – K: Arthur Edeson. – Sch: James Gibbon. – M: Adolph Deutsch. – Ba: Esdras Hartley. – Ko: Howard Shoup. – D:

Bogart (Pete Martin), George Brent (Denny Jordan), Gloria Dickson (Nora Jordan), Allen Jenkins (Horse Wilson), Walter Abel (Thomas Allison), Henry O'Neill, Penny Singleton, Anthony Averill, Oscar O'Shea. – P: Cosmopolitan. – Bt. Pd: Samuel Bischoff. – F: 35 mm, sw. – OL: 71 min. – U: 6. 10. 38. – In Deutschland nicht verliehen. – *Bogart spielt einen Gangsterchef, der die Händler und Transportunternehmer in New York durch Mord und Erpressungen von seinem Syndikat abhängig macht. Ein Lastwagenfahrer (Brent) und später auch ein Händler (Jenkins) stellen sich gegen den Gangster. Sie müssen zuerst empfindliche persönliche Nachteile in Kauf nehmen, können sich aber – vereint mit der Kolonne der Lastwagenfahrer – am Ende gegen die Bande durchsetzen. Der Händler wird dabei umgebracht, Bogart von der Polizei verhaftet.*

1938 KING OF THE UNDERWORLD. – R: Lewis Seiler. – B: George Bricker, Vincent Sherman, nach der Serie *Dr. Socrates* von W. R. Burnett. – K: Sid Hickox. – Sch: Frank Dewar. – M: Heinz Roemheld. – Ba: Charles Novi. – Ko: Orry-Kelly. – D: Bogart (Joe Gurney), Kay Francis (Carol Nelson), Jessie Busley, Arthur Aylesworth, Raymond Brown, Harland Tucker, Charles Foy. – P: Warner Bros. – Bt. Pd: Bryan Foy. – F: 35 mm, sw. – OL: 69 min. – U: 13. 1. 39. – In Deutschland nicht verliehen. – *Der Gangster Joe Gurney (Bogart) führt*

das verschuldete Ärztehepaar Niles und Carol Nelson, das ihm nach einer Verwundung das Leben gerettet hat, in seine Gang ein. Weil er Niles bald darauf für einen Verräter hält, bringt er ihn um. Als Gurney abermals verwundet wird, macht Carol ihn vorübergehend durch Augentropfen blind und liefert ihn dadurch der Polizei aus.

1938 ANGELS WITH DIRTY FACES. Chikago. – R: Michael Curtiz. – B: John Wexley, Warren Duff, nach einem Stoff von Rowland Brown. – K: Sol Polito. – Sch: Owen Marks. – M: Max Steiner. – Ba: Robert Haas. – K: Orry-Kelly. – D: James Cagney (Rocky Sullivan), Pat O'Brien (Jerry Connolly), Bogart (James Frazier), Ann Sheridan (Laury Ferguson), George Bancroft (Mac Keefer), Billy Halop, Bobby Jordan, Leo Gorcey, Gabriel Dell, Huntz Hall, Bernard Punsley, Joe Downing. – P: First National für Warner Bros. – Bt. Pd: Samuel Bischoff. – F: 35 mm, sw. – OL: 97 min. – DL: 95 min. – U: 24. 10. 38. – DE: 7. 5. 65. – TV: 4. 10. 75 (ARD). – V: Atlas Schmalfilm (16 mm, auch in Originalfassung). – *1923 in den Slums einer amerikanischen Großstadt: zwei Jungen brechen in einen Güterwagen ein, der eine, Rocky, wird gefaßt, der andere, Jerry, entkommt. 15 Jahre spater: Rocky, eben aus dem Gefängnis entlassen, ist ein Gangster, Jerry ein Priester geworden. Der Film stellt das ambivalente Verhältnis der ehemaligen Jugendfreunde dar: Jerrys Kampf gegen die Jugendkriminalität in den Slums und Rockys zynische Haltung als arrivierter Gangster, die erst auf dem elektrischen Stuhl erschüttert wird. Bogart spielt einen korrupten Anwalt, der bei dem Versuch, Rocky aus dem Weg zu räumen, von diesem erschossen wird.*

1938 YOU CAN'T GET AWAY WITH MURDER. – R: Lewis Seiler. – B: Robert Buckner, Don Ryan, Kenneth Gamet, nach dem Stück *Chalked Out* von Warden Lewis E. Lawes und Jonathan Finn. – K: Sol Polito. – Sch: James Gibbon. – M: Heinz Roemheld. – Ba: Hugh Reticker. – Ko: Milo Anderson. – D: Bogart (Frank Wilson), Billy Halop (Johnnie Stone), Gale Page (Madge Stone), John Litel (Anwalt Carey), Henry Travers, Harvey Stephens, Harold Huber, Joseph Sawyer. – P: First National für Warner Bros. – Bt. Pd: Samuel Bischoff. – F: 35 mm, sw. – OL: 78 min. – U: 29. 3. 39. – In Deutschland nicht verliehen. – *Der junge Johnnie Stone geht in die Lehre des Gangsters Frank Wilson (Bogart). Bei einem gemeinsamen Einbruch in ein Pfandhaus tötet Wilson den Pfandleiher. Der Mord bleibt zunächst unaufgeklärt, und die beiden werden nur wegen eines geringeren Delikts zu Gefängnisstrafe verurteilt. Johnnie will von Wilson loskommen. Bei einem mißglückten Ausbruchsversuch erschießt Wilson den Jungen, der aber, bevor er stirbt, durch seine Aussagen Wilson noch auf den elektrischen Stuhl bringt.*

1938 DARK VICTORY. Opfer einer großen Liebe. – R: Edmund Goulding. – B: Casey Robinson, nach dem Theaterstück von George Emerson Brewer jr. und Bertram Bloch. – K: Ernest Haller. – Sch: William Holmes. – M: Max Steiner. – Ba: Robert Haas. – Ko: Orry-Kelly. – D: Bette Davis (Judith Traherne), George Brent (Dr. Frederick Steele), Bogart (Michael O'Leary), Geraldine Fitzgerald (Ann King), Ronald Reagan, Henry Travers, Cora Witherspoon, Dorothy

Peterson. – P: First National für Warner Bros. – Bt. Pd: David Lewis. – F: 35 mm, sw. – OL: 106 min. – DL: 96 min. – U: 17. 3. 39. – DE: 21. 4. 50. – V: –. – *Eine junge, reiche Erbin (Davis) verliebt sich in den Arzt (Brent), der sie wegen einer schweren Krankheit operiert. Als sie erfährt, daß sie nicht mehr lange zu leben hat, flüchtet sie in einen luxuriösen Vergnügungswirbel. Bogart spielt ihren jungen Stallburschen, der sie zur Vernunft bringt. Sie heiratet den Arzt und genießt die letzten Monate ihres Lebens.*

1938 THE OKLAHOMA KID. Oklahoma Kid. – R: Lloyd Bacon. – B: Warren Duff, Robert Buckner, Edward E. Paramore, nach einem Originalstoff von Paramore und Wally Klein. – K: James Wong Howe. – Sch: Owen Marks. – M: Max Steiner. – Ba: Esdras Hartley. – Ko: Orry-Kelly. – D: James Cagney (Jim Kincaid), Bogart (Whip McCord), Rosemarie Lane (Jane Hardwick), Donald Crisp (Richter Hardwick), Harvey Stephens (Ned Kincaid), Hugh Sothern. – P: Warner Bros. – Bt. Pd: Samuel Bischoff. – F: 35 mm, sw. – OL: 80 min. – U: 15. 3. 39. – TV: 3. 8. 68 (WDR III). – In Deutschland nicht verliehen. – *1839, als die Regierung Teile von Oklahoma zur Besiedlung freigibt, kommt es dort zu Auseinandersetzungen zwischen Banden, einzelgängerischen Outlaws und ehrbaren Siedlern. Bogart spielt den Saloonbesitzer und streitlustigen Beherrscher einer neu gegründeten Stadt, der am Ende von Oklahoma Kid, einem Revolverhelden (Cagney), aus Blutrache erschossen wird.*

1939 THE RETURN OF DOCTOR X. Das zweite Leben des Dr. X. – R: Vincent Sherman. – B: Lee Katz, nach der Story *The Doctor's Secret* von William J. Makin. – K: Sid Hickox. – Sch: Thomas Pratt. – M: Bernhard Kaun. – Ba: Esdras Hartley. – Ko: Milo Anderson. – D:

Wayne Morris (Walter Barnett), Rosemary Lane (Joan Vance), Bogart (Marshall Quesne), Dennis Morgan (Michael Rhodes), John Litel (Dr. Flegg), Lya Lys, Huntz Hall, Charles Wilson, Vera Lewis, Howard Hickman. – P: First National für Warner Bros. – Bt. Pd: Bryan Foy. – F: 35 mm, sw. – OL: 62 min. – U: 28. 11. 39. – TV: 10. 10. 70 (ARD). – In Deutschland nicht verliehen. – *Ein Journalist (Morris) stößt bei der Suche nach einem blutrünstigen Mörder auf den Forscher Dr. Flegg, dem die synthetische Herstellung von Blut gelungen ist. Wie sich herausstellt, hat Flegg damit Marshall Quesne, genannt Dr. X (Bogart) wieder zum Leben erweckt, nachdem dieser auf dem Elektrischen Stuhl hingerichtet worden war. Da sich das künstliche Blut nicht von selbst erneuert, ist Dr. X gezwungen, sich Blut seiner seltenen Blutgruppe zu beschaffen, um am Leben zu bleiben. Er tötet hierzu u.a. eine prominente Schauspielerin und schließlich auch seinen Lebensretter Flegg. Kurz vor einer neuen Bluttat wird Dr. X von der Polizei erschossen.*

1939 THE ROARING TWENTIES. Die goldenen Zwanziger. – R: Raoul Walsh. – B: Jerry Wald, Richard Macaulay, Robert Rossen, nach einer Originalstory von Mark Hellinger. – K: Ernest Haller. – Sch: Jack Killifer. – M: Heinz Roemheld, Ray Heindorf. – Ba: Max Parker. – Ko: Milo Anderson. – Special effects: Byron Haskin, Edwin B. DuPar. – D: James Cagney (Eddie Bartlett), Priscilla Lane (Jean Sherman), Bogart (George Hally), Gladys George (Panama Smith), Jeffrey Lynn (Lloyd Hart), Frank McHugh (Danny Green), Paul Kelly (Nick Brown), Elisabeth Risdon, Edward Keane, Joseph Sawyer, Joseph Crehan. – P: First National für Warner Bros. – Pd: Hal B. Wallis; bt. Pd: Samuel Bischoff. – F: 35 mm, sw. – OL: 106 min. – U: 16. 10. 39. – TV: 31. 8. 68/15. 3. 70 (WDR III). – In Deutschland nicht verliehen. – *Nach dem Ende des Ersten Weltkriegs gehen drei heimkehrende Kameraden zunächst getrennte Wege: Eddie Bartlett (Cagney) beginnt als Taxifahrer, Lloyd Hart (Lynn) widmet sich seiner Juristenkarriere, George Hally (Bogart) macht Gelegenheitsarbeiten. Als Eddie während der Prohibition in den Alkoholschmuggel einsteigen kann, verbündet er sich mit seinen ehemaligen Kameraden. Zusammen mit George kämpft er gegen rivalisierende Banden, Lloyd ist ihr Rechtsbeistand. Sein Mädchen verliert Eddie an Lloyd. Mit dem Wirtschaftszusammenbruch ist das Geschäft zu Ende. Eddie fährt wieder Taxi. Nach einigen Jahren hört er, daß George zum großen Gangster aufgestiegen ist und einen Anschlag gegen Lloyd plant, weil der eine Untersuchung über das Bandenunwesen in Gang gebracht hat. Eddie stellt George zur Rede und erschießt ihn. Er selbst wird verwundet und stirbt auf den Stufen einer Kirche.*

1939 INVISIBLE STRIPES. Zwölf Monate Bewährungsfrist. – R: Lloyd Bacon. – B: Warren Duff, nach einer Story von Jonathan Finn und einem Buch von Warden Lewis E. Lawes. – K: Ernest Haller. – Sch: James Gibbon. – M: Heinz Roemheld. – Ba: Max Parker. – Ko:

Milo Anderson. – Special effects: Byron Haskin. – D: George Raft (Cliff Taylor), Jane Bryan (Peggy), William Holden (Tim Taylor), Bogart (Chuck Martin), Flora Robson (Mrs. Taylor), Paul Kelly, Lee Patrick, Henry O'Neill, Frankie Thomas, Moroni Olsen, Margot Stevenson. – P: Warner Bros./First National. – Pd: Hal B. Wallis; bt. Pd: Louis F. Edelman. – F: 35 mm, sw. – OL: 82 min. – U: 16. 1. 40. – TV: 20. 6. 65 (DFS, 1. Programm). – In Deutschland nicht verliehen. – *Cliff Taylor, ein auf Bewährung entlassener Sträfling, bemüht sich vergebens, nicht mehr mit dem Gesetz in Konflikt zu kommen. Um seinem Bruder finanziell zu helfen, schließt er sich für einige Zeit der Bande von Chuck Martin (Bogart) an, der mit ihm zusammen in Sing-Sing gesessen hat und nach der Entlassung ohne Skrupel sein früheres Leben fortsetzt. Taylors Versuch, sich von der Bande wieder zu lösen, mißlingt, er wird erschossen. Martin wird von der Polizei getötet.*

1939/40 VIRGINIA CITY. Goldschmuggel nach Virginia. – R: Michael Curtiz. – B: Robert Buckner. – K: Sol Polito. – Sch: George Amy. – M: Max Steiner. – Ba: Ted Smith. – Special effects: Byron Haskin, H. F. Koenekamp. – D: Errol Flynn (Kerry Bradford), Miriam Hopkins (Julia Hayne), Randolph Scott (Vance Irby), Bogart (John Murrell), Frank McHugh (Mr. Upjohn), Alan Hale, Guinn »Big Boy« Williams, John Litel, Douglass Dumbrille, Moroni Olsen. – P: Warner Bros./First National. – Pd: Hal B. Wallis; bt. Pd: Robert Fellows. – F: 35 mm, sw. – OL: 121 min. – DL: 105 min. – U: 18. 3. 40. – DE: 8. 9. 50. – V: –. – *Gegen Ende des amerikanischen Bürgerkriegs versucht eine Gruppe wagemutiger Männer und Frauen, die mit den Konföderierten sympathisieren, einen Goldtransport vom Norden in den Süden zu organisieren. Bevor das Unternehmen erfolgreich abgeschlossen werden kann, ist der Krieg zu Ende. – Bogart spielt einen berüchtigten Outlaw, der mit seiner Bande den Transport überfällt und dabei getötet wird.*

1940 IT ALL CAME TRUE. – R: Lewis Seiler. – B: Michael Fessier, Lawrence Kimble, nach der Story *Better Than Life* von Louis Bromfield. – K: Ernest Haller. – Sch: Thomas Richards. – M: Heinz Roemheld. – Ba: Max Parker. – Ko: Howard Shoup. – Special effects: Byron Haskin, Edwin B. DuPar. – D: Ann Sheridan (Sarah Jane Ryan), Jeffrey Lynn (Tommy Taylor), Bogart (Graselli/Chips Maguire), ZaSu Pitts (Miss Flint), Una O'Connor (Maggie Ryan), Jessie Busley (Norah Taylor), John Litel, Grant Mitchell, Felix Bressart. – P: First National für Warner Bros. – Pd: Hal B. Wallis; bt. Pd: Mark Hellinger. – F: 35 mm, sw. – OL: 97 min. – U: 5. 4. 40. – In Deutschland nicht verliehen. – *Der Musiker Tommy (Lynn) und die Sängerin Sarah Jane (Sheridan) treffen sich nach langer Abwesenheit bei ihren Müttern wieder. Tommy bringt einen mysteriösen Mr. Graselli (Bogart) mit und quartiert ihn zu Haus ein. Sarah Jane erkennt in Graselli einen Spieler und Nachtclubbe-*

sitzer wieder, der gesucht wird, weil er einen Polizisten erschossen hat – mit Tommys Revolver. Graselli fühlt sich von den Müttern und den Nachbarn so warmherzig behandelt, daß er für Tommy und Sarah Jane einen neuen Nachtclub aufzieht. Als er verraten und von der Polizei verhaftet wird, ist er befriedigt, den beiden ein neues Leben ermöglicht zu haben.

1940 BROTHER ORCHID. – R: Lloyd Bacon. – B: Earl Baldwin, nach einer Story von Richard Connell. – K: Tony Gaudio. – Sch: William Holmes. – M: Heinz Roemheld. – Ba: Max Parker. – Ko: Howard Shoup. – Special effects: Byron Haskin u.a. – D: Edward G. Robinson (Little John Sarto), Ann Sothern (Flo Addams), Bogart (Jack Buck), Donald Crisp (Prior), Ralph Bellamy (Clarence Fletcher), Allen Jenkins, Charles D. Brown, Cecil Kellaway, Morgan Conway, Richard Lane. – P: Warner Bros./First National. – Pd: Hal B. Wallis; bt. Pd: Mark Hellinger. – F: 35 mm, sw. – OL: 91 min. – U: 31. 5. 40. – In Deutschland nicht verliehen. – *Der Kampf zweier rivalisierender Gangsterbosse. Sarto (Robinson) wird von den Killern Jack Bucks (Bogart) verwundet und flieht in ein Kloster. Durch den Einfluß der blumenzüchtenden Mönche gewandelt, nimmt er den Namen »Bruder Orchidee« an und hilft seinen Brüdern, als Jack sie durch wirtschaftliche Sanktionen erledigen will. Er zerschlägt Jacks Bande und kehrt ins Kloster zurück.*

1940 THEY DRIVE BY NIGHT. Nachts unterwegs. – R: Raoul Walsh. – B: Jerry Wald, Richard Macaulay, nach dem Roman *Long*

Haul von A. I. Bezzerides. – K: Arthur Edeson. – Sch: Thomas Richards. – Montagen: Don Siegel, Robert Burks. – M: Adolph Deutsch. – Ba: John Hughes. – Ko: Milo Anderson. – Special effects: Byron Haskin u.a. – D: Ida Lupino (Lana Carlsen), George Raft (Joe Fabrini), Ann Sheridan (Cassie Hartley), Bogart (Paul Fabrini), Gale Page (Pearl Fabrini), Alan Hale (Ed Carlsen), Roscoe Karns, John Litel, George Tobias, Henry O'Neill. – P: Warner Bros./First National. – Pd: Hal B. Wallis; bt. Pd: Mark Hellinger. – F: 35 mm, sw. – OL: 93 min. – U: 12. 7. 40. – TV: 22. 7. 67/5. 10. 69 (WDR III). – In Deutschland nicht verliehen. – *Bogart spielt den Lastwagenfahrer Paul Fabrini, der mit seinem Bruder Joe (Raft) versucht, sich mit einem auf Kredit gekauften Wagen selbständig zu machen. Paul verliert bei einem Unfall einen Arm, Joe gerät in Verdacht, in einen Mord verwickelt zu sein. Am Ende wird Joe der Arbeitgeber von Paul.*

1940 HIGH SIERRA. – R: Raoul Walsh. – B: John Huston, W. R. Burnett, nach dem Roman von Burnett. – K: Tony Gaudio. – Sch: Jack Killifer. – M: Adolph Deutsch. – Ba: Ted Smith. – Ko: Milo Anderson. – Special effects: Byron Haskin, H. F. Koenekamp. – D: Bogart (Roy

Earle), Ida Lupino (Marie Garson), Alan Curtis (Babe Kozak), Arthur Kennedy (Red Hattery), Joan Leslie (Velma), Henry Hull (Doc Banton), Henry Travers (Pa Goodhue), Jerome Cowan, Minna Gombell, Barton MacLane, Elisabeth Risdon, Cornel Wilde. – P: Warner Bros./ First National. – Pd: Hal B. Wallis; bt. Pd: Mark Hellinger. – F: 35 mm, sw. – OL: 100 min. – U: 20. 1. 41. – In Deutschland nicht verliehen. – *Der aus dem Gefängnis entflohene Sträfling Roy Earle (Bogart) trifft in*

einem Versteck in den Bergen auf zwei Gangster und die Tänzerin Marie (Lupino). Mit Hilfe eines Komplizen überfallen sie erfolgreich ein Luxushotel. Roy, der einer verarmten Farmersfamilie zu einer geglückten Operation der gehbehinderten Enkelin verhilft, in seiner Liebe zu dem Mädchen aber enttäuscht wird, flieht – als seine Anfängergang aufgerieben wird – zusammen mit Marie und der Beute ins Hochgebirge. Von der Polizei umstellt, wird er auf einer Bergspitze erschossen, nachdem ein kleiner Hund, dessen er sich angenommen hatte, sein Versteck verraten hatte.

1941 THE WAGONS ROLL AT NIGHT. Von Stadt zu Stadt. – R: Ray Enright. – B: Fred Niblo jr., Barry Trivers, nach dem Roman *Kid Galahad* von Francis Wallace. – K: Sid Hickox. Sch: Frederick Richards. – Ba: Hugh Reticker. – Special effects: Byron Haskin, H. F. Koenekamp. – Regieass.: Jesse Hibbs. – D: Bogart (Nick Coster), Sylvia Sidney (Flo Lorraine), Eddie Albert (Matt Varney), Joan Leslie (Mary Coster), Sig Rumann, Cliff Clark, Charley Foy, Frank Wilcox, John Ridgely. – P: Warner Bros./First National. – Bt. Pd: Harlan Thompson. – F: 35 mm, sw. – OL: 84 min. – U: 25. 4. 41. – TV: 26. 1. 63 (DFS, 2. Programm). – In Deutschland nicht verliehen. – *Bogart spielt den Zirkusdirektor Nick Coster, der einen Kolonialwarenverkäufer zum Raubtierdompteur avancieren läßt. Als sich der junge Mann in Costers Schwester verliebt, verleitet ihn Coster zu einem lebensgefährlichen Auftritt in der Manege. Bei dem Versuch, den unerfahrenen Dompteur doch zu retten, wird Coster von einem Löwen getötet. – »Kid Galahad«-Remake in einem variierten Milieu.*

1941 THE MALTESE FALCON. Die Spur des Falken/Der Malteserfalke. – R und B: John Huston, nach dem Roman von Dashiell Hammett. – K: Arthur Edeson. – Sch: Thomas Richards. – M: Adolph Deutsch. – Ba: Robert Haas. – Ko: Orry-Kelly. – D: Bogart (Sam Spade), Mary Astor (Brigid O'Shaughnessy), Gladys George (Iva Archer), Peter Lorre (Joel Cairo), Barton MacLane (Lt. Dundy), Lee Patrick (Effie Perine), Sydney Greenstreet (Casper Gutman), Ward Bond, Jerome Cowan, Elisha Cook jr., James Burke, Murray Alper, John Hamilton, Emory Parnell, Walter Huston. – P: Warner Bros./First National. – Pd: Hal B. Wallis; bt. Pd: Henry Blanke. – F: 35 mm, sw. – OL: 100 min. – DL: 96 min. – U: 30. 9. 41. – DE: 31. 10. 45. – TV: 8. 6. 68/26. 9. 69 (WDR III), 3. 3. 69/18. 4. 70 (ZDF), 8. 4. 70 (BR III), 5. 5. 73 (S 3). – V: Neue Filmkunst (16 und 35 mm)/Atlas (16 mm). – *Bogart spielt den Privatdetektiv Sam Spade, einen entlassenen Polizeibeamten, der für eine geheimnisvolle Frau (Astor) einen Überwachungsauftrag übernimmt. Zwei Morde, die begangen zu haben er verdächtigt wird, zwingen Spade zu einer abenteuerlichen Recherche, in deren Zusammenhang eine historische Falken-Statuette zum gesuchten Objekt wird. Spade bringt eine Gangsterbande zur Strecke, der Falke erweist sich als unecht und wertlos, die geheimnisvolle Frau wird als Mörderin verhaftet.*

1941 ALL THROUGH THE NIGHT. – R: Vincent Sherman. – B: Leonard Spigelgass, Edwin Gilbert, nach einem Originalstoff von Leo Rosten und Spigelgass. – K: Sid Hickox. – Sch: Rudi Fehr. – M: Adolph Deutsch. – Ba: Max Parker. – D: Bogart (Gloves Donahue), Conrad Veidt (Hall Ebbing), Kaaren Verne (Leda Hamilton), Jane Darwell (Ma Donahue), Frank McHugh (Barney), Peter Lorre (Pepi), Judith Anderson (Madame), William Demarest, Jackie Gleason, Phil Silvers, Wallace Ford, Edward Brophy. – P: Warner Bros./First National. – Pd: Jerry Wald. – F: 35 mm, sw. – OL: 107 min. – U: 28. 1. 42. – In Deutschland nicht verliehen. – *Der Spieler Gloves Donahue (Bogart) will den Mörder von Mr. Miller finden, dem Bäcker seines Lieblingskuchens. Mit Hilfe einer Nachtclubtänzerin (Verne) kommt Donahue einer Bande von Naziagenten auf die Spur, die Miller getötet haben, weil er die Mitarbeit verweigert hatte. Als der Führer der Naziagenten (Veidt) mit einem dynamitgefüllten Motorboot ein Schlachtschiff im New Yorker Hafen in die Luft sprengen will, kann Donahue das in letzter Minute verhindern.*

1942 IN THIS OUR LIFE. – R: John Huston. – D: Bette Davis, Olivia de Havilland, Dennis Morgan. – P: Warner Bros. – OL: 97 min. – U: 9. 4. 42. – *Verschiedene Darsteller des MALTESE FALCON (Bogart, Mary Astor, Peter Lorre, Sydney Greenstreet) sind in diesem Film als Statisten zu entdecken.*

1942 THE BIG SHOT. Der große Gangster. – R: Lewis Seiler. – B: Bertram Millhauser, Abem Finkel, Daniel Fuchs. – K: Sid Hickox. – Sch: Jack Killifer. – M: Adolph Deutsch. – Ba: John Hughes. – Ko: Milo Anderson. – D: Bogart (Duke Berne), Irene Manning (Lorna Fleming), Richard Travis (George Anderson), Susan Peters (Ruth Carter), Stanley Ridges (Martin Fleming), Minor Watson, Chick Chandler, Joseph Downing, Howard da Silva, Murray Alper, Roland Drew. – P: Warner Bros./First National. – Pd: Walter MacEwen. – F: 35 mm, sw. – OL: 82 min. – U: 4. 6. 42. – TV: 24. 6. 67/4. 1. 70 (WDR III). – In Deutschland nicht verliehen. – *Duke Berne (Bogart) darf nach seiner Entlassung aus dem Gefängnis nicht mehr straffällig werden, weil er sonst »Lebenslänglich« bekäme. Er findet keine Arbeit. Durch eine falsche Zeugenaussage kommt er wieder vor Gericht und wird zu lebenslänglicher Zuchthausstrafe verurteilt. Duke bricht aus dem Zuchthaus aus, wird aber kurze Zeit später von einem korrupten Anwalt aus Eifersucht bei einem Feuerwechsel erschossen.*

1942 ACROSS THE PACIFIC. Abenteuer in Panama. – R: John Huston. – B: Richard Macaulay, nach der Artikelserie »Aloha Means

Goodbye«, erschienen in der »Saturday Evening Post«. – K: Arthur Edeson. – Sch: Frank Magee. – Montagen: Don Siegel. – M: Adolph Deutsch. – Ba: Robert Haas, Hugh Reticker. – Ko: Milo Anderson. – Special effects: Byron Haskin, Willard van Enger. – D: Bogart (Rick Leland), Mary Astor (Alberta Marlow), Sydney Greenstreet (Dr. Lorenz), Charles Halton (A. V. Smith), Victor Sen Yung (Joe Totsuiko), Roland Got, Lee Tung Foo, Frank Wilcox, Paul Stanton. – P: Warner Bros./First National. – Pd: Jerry Wald, Jack Saper. – F: 35 mm, sw. – OL: 97 min. – DL: 95 min. – U: 18. 8. 42. – DE: 8. 8. 46. – V: –. – *Bogart spielt einen amerikanischen Hauptmann, der sich im Auftrag des US-Geheimdienstes zum Schein von japanischen Agenten anwerben läßt und durch einen mutigen Alleingang eine beabsichtigte Sprengung des Panamakanals verhindert.*

1942 CASABLANCA. Casablanca. – R: Michael Curtiz. – B: Julius J. & Philip G. Epstein, Howard Koch, nach dem Theaterstück *Everybody Comes to Rick's* von Murray Burnett und Joan Alison. – K: Arthur Edeson. – Sch: Owen Marks. – Montagen: Don Siegel, James Leicester. – M: Max Steiner; Song »As Time Goes By« von Herman Hupfeld. – Ba: Carl Jules Weyl. – A: George James Hopkins. – Ko: Orry-Kelly. – D: Bogart (Richard Blaine, genannt Rick), Ingrid Bergman (Ilsa Lund), Paul Henreid (Victor Laszlo), Claude Rains (Polizeipräfekt), Conrad Veidt (Major Strasser), Sydney Greenstreet (Ferrari), Peter Lorre (Ugarte), Soke Z. Sakall (d.i. Szöke Szakall), Madeleine LeBeau, Dooley Wilson, Curt Bois, Marcel Dalio. – P: Warner Bros./First National. – Pd: Hal B. Wallis. – F: 35 mm, sw. – OL: 102 min. – DL: 82 min. (verstümmelte Kinofassung)/102 min. (Fernsehfassung). – U: 27. 11. 42. – DE: 29. 8. 52. – TV: 5. 10. 68/15. 5. 70/1. 8. 73 (WDR III), 29. 12. 69/12. 5. 73 (NDR III), 15. 3. 74/7. 10. 75 (BR III), 15. 6. 74 (S 3), 5. 10. 75 (ARD, neu synchronisierte Fassung). – V: Nobis-Film (35 mm, verstümmelte Fassung)/Atlas Schmalfilm (16 mm, auch Originalfassung). – *1941 treffen aus allen von den Deutschen besetzten Ländern Europas Flüchtlinge ein in Casablanca in Französisch-Marokko, das der mit den Nazis kollaborierenden Regierung von Vichy untersteht. Dennoch ist Casablanca ein Sprungbrett nach Lissabon und Amerika, der Schwarzhandel mit Ausreisepapieren blüht. – Bogart spielt den zynisch gewordenen Besitzer eines Nachtclubs. Er trifft seine große Liebe (Bergman) wieder, der er zusammen mit ihrem Mann, einem verfolgten Widerstandsführer, die Flucht ermöglicht.*

1943 ACTION IN THE NORTH ATLANTIC. – R: Lloyd Bacon. – B: John Howard Lawson, A. I. Bezzerides, W. R. Burnett, nach dem Roman von Guy Gilpatric. – K: Ted McCord. – Sch: Thomas Pratt, George Amy. – M: Adolph Deutsch. – Ba: Ted Smith. – A: Clarence I. Steensen. – Ko: Milo Anderson. – D: Bogart (Joe Rossi), Raymond

Massey (Capt. Steve Jarvis), Ala Hale (Boats O'Hara), Julie Bishop (Pearl), Ruth Gordon (Mrs. Jarvis), Sam Levene (Chips Abrams), Dane Clark, Peter Whitney, Dick Hogan, Minor Watson, J. M. Kerrigan, Kane Richmond. – P: Warner Bros./First National. – Pd: Jerry Wald. – F: 35 mm, sw. – OL: 127 min. – U: 17. 5. 43. – In Deutschland nicht verliehen. – *Als sein Schiff aus einem Geleitzug nach Murmansk von einem deutschen U-Boot abgesprengt wird, gelingt es Capt. Jarvis (Massey), dem Feind zu entkommen. Bei einem Luftangriff wird er jedoch verwundet und sein Erster Offizier Joe Rossi (Bogart) übernimmt das Kommando. Durch eine List gelingt es Rossi, das deutsche U-Boot zum Auftauchen zu veranlassen und zu rammen. Russische Flugzeuge eskortieren das amerikanische Schiff nach Murmansk.*

1943 THANK YOUR LUCKY STARS. – R: David Butler. – D: Soke Z. Sakall (d.i. Szöke Szakall), Edward Everett Horton, Eddie Cantor, Joan Leslie, Dennis Morgan und als Gäste: Bogart, Bette Davis, Olivia de Havilland, Errol Flynn, John Garfield, Ida Lupino, Ann Sheridan, Dinah Shore, Alexis Smith u.a. – P: Warner Bros./First National. – OL: 127 min. – U: 18. 8. 43. – *Bogart ist einer von vielen Warner-Stars, die als Gäste in dieser musikalischen Komödie sich selbst spielen. Er hat einen kurzen Auftritt als unrasierter Gangster.*

1943 SAHARA. Sahara. – R: Zoltan Korda. – B: John Howard Lawson, Zoltan Korda, James O'Hanlon, nach einem Originalstoff von Philip MacDonald. – K: Rudolph Maté. – Sch: Charles Nelson. – M: Miklos Rozsa. – Ba: Lionel Banks. – A: William Kiernan. – D: Bogart (Sgt. Joe Gunn), Bruce Bennett (Waco Hoyt), J. Carrol Naish (Giuseppe), Lloyd Bridges (Fred Clarkson), Rex Ingram (Tambul), Richard Nugent, Dan Duryea, Carl Harbord, Patrick O'Moore, Louis Mercier, Guy Kingsford. – P: Columbia. – Pd: Harry Joe Brown. – F: 35 mm, sw. – OL: 97 min. – U: 29. 9. 43. – TV: 30. 1. 74 (NDR III). – In der Bundesrepublik nicht verliehen. – *Nach dem Fall von Tobruk versucht eine versprengte amerikanische Panzerbesatzung, sich zu den Stellungen der Alliierten durchzuschlagen. Der Kommandant, Sergeant Gunn (Bogart), begegnet auf der Fahrt durch die Wüste sechs Engländern und einem sudanesischen Unteroffizier mit italienischen und deutschen Gefangenen und macht sich gemeinsam mit ihnen auf die Suche nach einer Wasserstelle. Diese Wasserstelle verteidigt die Gruppe dann gegen angreifende deutsche Truppen, die schließlich zum Rückzug gezwungen werden.*

1943 CONFLICT. Konflikt/Tatort Springfield. – R: Curtis Bernhardt. – B: Arthur T. Horman, Dwight Taylor, nach einem Originalstoff von Robert Siodmak und Alfred Neumann. – K: Merritt Gerstad. – Sch: David Weisbart. – M: Friedrich Holländer. – Ba: Ted Smith. – A: Clarence I. Steensen. – Ko: Milo Anderson. – D: Bogart (Richard

Mason), Alexis Smith (Evelyn Turner), Sydney Greenstreet (Dr. Mark Hamilton), Rose Hobart (Kathryn Mason), Charles Drake (Prof. Holdsworth), Grant Mitchell (Dr. Grant), Pat O'Moore, Ann Shoemaker, Frank Wilcox, Edwin Stanley, James Flavin, Mary Servoss. – P: Warner Bros./First National. – Pd: William Jacobs. – F: 35 mm, sw. – OL: 86 min. – DL: 85 min. – U: 12. 6. 45. – DE: 14. 7. 50. – TV: 10. 6. 67/1. 1. 70 (WDR III), 2. 6. 72 (HR III). – V: –. *Bogart spielt einen Mann, der seine Frau ermordet, weil er deren jüngere Schwester (Smith) liebt. Er scheint ein perfektes Verbrechen ausgeführt zu haben. Ein mit der Familie befreundeter Psychiater (Greenstreet) kommt ihm auf die Spur, und der Mörder geht in eine von der Polizei gestellte Falle.*

1943 PASSAGE TO MARSEILLE. – R: Michael Curtiz. – B: Casey Robinson, Jack Moffitt, nach dem Roman *Men Without Country* von Charles Nordhoff und James Norman Hall. – K: James Wong Howe. – Sch: Owen Marks. – M: Max Steiner. – Ba: Carl Jules Weyl. – A: George James Hopkins. – Ko: Leah Rhodes. – D: Bogart (Matrac), Claude Rains (Capt. Freycinet), Michèle Morgan (Paula), Philip Dorn (Renault), Sydney Greenstreet (Major Duval), Peter Lorre (Marius), Georg Tobias, Helmut Dantine, John Loder, Victor Francen, Vladimir Sokoloff, Eduardo Cianelli, Corinna Mura. – P: Warner Bros./First National. – Pd: Hal B. Wallis. – F: 35 mm, sw. – OL: 109 min. – U: 11. 3. 44. – In Deutschland nicht verliehen. – *Der französische Journalist und politische Gefangene Matrac (Bogart) flieht mit vier anderen in einem Kanu während des Zweiten Weltkriegs von der Teufelsinsel. Die Flüchtlinge werden von einem französischen Dampfer an Bord genommen. Es gelingt ihnen, die Übergabe des Schiffes an die Vichy-Regierung zu verhindern und sich und das Schiff nach England zu bringen. Sie treten in ein Bombengeschwader des Freien Frankreich ein. Ihre Geschichte erzählt ein französischer Verbindungsoffizier einem englischen Journalisten. Als er mit seinem Bericht zu Ende ist, kehrt das Geschwader von einem Einsatz zurück. Dabei ist Matrac getötet worden.*

1944 REPORT FROM THE FRONT. – *Drei-Minuten-Trailer zur Propagierung einer Rot-Kreuz-Woche in den amerikanischen Kinos im März 44. Bogart wird bei der amerikanischen Truppenbetreuung in Nordafrika und Italien gezeigt. Am Ende des Trailers wurde in den Kinos gesammelt.*

1944 TO HAVE AND HAVE NOT. Haben und Nichthaben. – R: Howard Hawks. – B: Jules Furthman, William Faulkner, nach dem Roman von Ernest Hemingway. – K: Sid Hickox. – Sch: Christian Nyby. – M: Franz Waxman. – Ba: Charles Novi. – A: Casey Roberts. – D: Bogart (Harry Morgan), Walter Brennan (Eddie), Lauren Bacall (Marie), Dolores Moran (Helene de Brusac), Hoagy Carmichael (Crikket), Walter Molnar, Sheldon Leonard, Marcel Dalio, Walter Sande,

Dan Seymor, Aldo Nadi, Paul Marion, Patricia Shay. – P: Warner Bros./First National. – Pd: Howard Hawks. – F: 35 mm, sw. – OL: 100 min. – U: 18. 10. 44. – TV: 20. 5. 67/26. 4. 70 (WDR III), 21. 6. 67/29. 6. 70 (HR III), 4. 6. 69/15. 5. 70 (BR III), 27. 11. 71 (S 3). – V: Theatiner Film, München (35 mm, O.m.U.). – *Motive des Hemingway-Romans wurden vom Ersten in den Zweiten Weltkrieg transponiert. Bogart spielt den Kapitän eines kleinen Bootes, der auf der Insel Martinique zwischen die Fronten der Vichy-Anhänger und der Gaullisten gerät. Er schmuggelt einen Widerstandskämpfer außer Landes, weil er Geld braucht, um einem Mädchen (Bacall) zu helfen. Von den Faschisten erpreßt, schlägt er sich schließlich ganz auf die Seite der Widerstandskämpfer.*

1945 THE BIG SLEEP. Tote schlafen fest. – R: Howard Hawks. – B: William Faulkner, Leigh Brackett, Jules Furthman, nach dem Roman von Raymond Chandler. – K: Sid Hickox. – Sch: Christian Nyby. – M: Max Steiner. – Ba: Carl Jules Weyl. – A: Fred M. MacLean. – D: Bogart (Philip Marlowe), Lauren Bacall (Vivian Rutledge), John Ridgely (Eddie Mars), Martha Vickers (Carmen Sternwood), Dorothy Malone (Buchhändlerin), Peggy Knudsen, Regis Toomey, Charles Waldron, Charles Brown. – P: Warner Bros./First National. – Pd: Howard Hawks. – F: 35 mm, sw. – OL: 114 min. – DL: 113 min. – U: 14. 8. 46. – DE: 29. 9. 67. – TV: 22. 6. 68/1. 10. 72 (WDR III), 6. 4. 70/18. 9. 71/28. 10. 72 (ZDF), 20. 11. 70/16. 2. 73 (BR III), 26. 5. 73 (S 3). – V: Neue Filmkunst Walter Kirchner (16 und 35 mm)/Atlas Schmalfilm (16 mm, auch Originalfassung). – *Bogart spielt den Privatdetektiv Philip Marlowe, der von einem ehemaligen General engagiert wird, um einen Erpressungsfall aufzuklären. Im Verlauf der Ermittlun-*

gen stellt Marlowe fest, daß die beiden attraktiven Töchter des Generals in ein fast undurchdringliches Gewirr von Verbrechen verstrickt sind. Er verliebt sich in eine der Töchter (Bacall), und es gelingt ihm, eine Gangsterbande unschädlich zu machen, indem er ihre Mitglieder raffiniert gegeneinander ausspielt.

1945 HOLLYWOOD VICTORY CARAVAN. – R: William Russell. – D: Robert Benchley, Bogart, Joe Carioca, Bing Crosby, Bob Hope, Betty Hutton, Alan Ladd, Diana Lynn, Barbara Stanwyck. – P: Paramount für »War Activities Committee« und »Treasury Department«. – OL: 20 min. – *Erlebnisse eines Mädchens während einer Massenkundgebung mit Film- und Musikstars in Washington. Bogart wirbt für den Kauf von Kriegsanleihen.*

1946 TWO GUYS FROM MILWAUKEE. – R: David Butler. – D: Dennis Morgan, Jack Carson, Joan Leslie. – P: Warner Bros./First National. – OL: 90 min. – U: 29. 7. 46. – *Bogart und Lauren Bacall spielen in einer kurzen Szene am Ende des Films sich selbst: die Bacall ist der Traum eines Balkanprinzen (Morgan), der auf einer Reise durch Amerika im Flugzeug plötzlich neben ihr sitzt. Aber sein Glück ist von kurzer Dauer, Bogart taucht auf und beansprucht seinen Platz.*

1946 DEAD RECKONING. Späte Sühne. – R: John Cromwell. – B: Oliver H. P. Garrett, Steve Fisher, Allen Rivkin, nach einem Originalstoff von Gerald Adams und Sidney Biddell. – K: Leo Tover. – Sch: Gene Havlick. – M: Marlin Skiles. – Ba: Stephen Goosson, Rudolph Sternad. – A: Louis Diage. – Ko: Jean Louis. – D: Bogart (Rip Murdock), Lizabeth Scott (Coral Chandler), Morris Carnovsky (Martinelli), Charles Cane (Lt. Kincaid), William Prince (Johnny Drake), Marvin Miller (Krause), Wallace Ford, James Bell, George Chandler. – P: Columbia. – Pd: Sidney Biddell. – F: 35 mm, sw. – OL und DL: 100

min. – U: 2. 1. 47. – DE: 30. 1. 51. – TV: 8. 4. 67 (ZDF). – V: –. – *Bogart spielt einen Fallschirmjägeroffizier, der einer Gangsterbande auf die Spur kommt, als er versucht, den Mord an einem Kriegskameraden aufzuklären. Er braucht einige Zeit, um das Doppelspiel einer schönen Frau (Scott) zu durchschauen.*

1946/47 THE TWO MRS. CARROLLS. Die zwei Mrs. Carrolls. – R: Peter Godfrey. – B: Thomas Job, nach dem Theaterstück von Martin Vale. – K: Peverell Marley. – Sch: Frederick Richards. – M: Franz Waxman. – Ba: Anton Grot. – A: Budd Friend. – D: Bogart (Geoffrey Carroll), Barbara Stanwyck (Sally Carroll), Alexis Smith (Cecily Latham), Nigel Bruce (Dr. Tuttle), Isobel Elsom (Mrs. Latham), Patrick O'Moore, Ann Carter, Anita Bolster, Barry Bernard. – P: Warner Bros./First National. – Pd: Mark Hellinger. – F: 35 mm, sw. – OL: 99 min. – U: 1. 4. 47. – TV: 6. 7. 68/18. 8. 72 (WDR III). – In Deutschland nicht verliehen. – *Bogart spielt einen von Zwangsvorstellungen verfolgten Künstler, der seine Frau umbringt, um sie als Todesengel malen zu können.*

1947 DARK PASSAGE. Die schwarze Natter (dt. Kinotitel)/Das unbekannte Gesicht (dt. Fernsehtitel). – R und B: Delmer Daves, nach dem Roman von David Goodis. – K: Sid Hickox. – Sch: David Weisbart. – M: Franz Waxman. – Ba: Charles H. Clarke. – A: William Kuehl. – D: Bogart (Parry), Lauren Bacall (Irene), Bruce Bennett (Bob Rapf), Agnes Moorehead (Madge Rapf), Tom D'Andrea, Clifton Young, Douglas Kennedy, Rory Mallinson, Houseley Stevenson. – P: Warner Bros./First National. – Pd: Jerry Wald. – F: 35 mm, sw. – OL: 106 min. – DL: 105 min. – U: 3. 9. 47. – DE: 29. 9. 50. – TV: 7. 2. 70 (ARD, neue Synchronisation), 10. 10. 75 (BR III). – V: –. – *Vincent Parry (Bogart) ist wegen angeblichen Mordes an seiner Frau zu lebenslänglicher Zuchthausstrafe verurteilt worden. Es gelingt ihm, aus San Quentin zu entfliehen. Eine Frau (Bacall) leistet ihm Hilfe; durch eine Gesichtsoperation läßt er sich unkenntlich machen. Parry findet zwar die wahre Mörderin (»Die schwarze Natter«), doch sie nimmt sich das Leben, so daß er nicht entlastet werden kann. Er geht ins Ausland, die Helferin folgt ihm. Der Zuschauer sieht das erste Drittel des Films (bis zur Gesichtsoperation) nur aus der Perspektive des Fliehenden; im zweiten Teil hat Bogart einen total bandagierten Kopf; erst im Schlußdrittel ist das vertraute Gesicht da.*

1947 THE TREASURE OF THE SIERRA MADRE. Der Schatz der Sierra Madre. – R und B: John Huston, nach dem Roman von B. Traven. – K: Ted McCord. – Sch: Owen Marks. – M: Max Steiner. – Ba: John Hughes. – A: Fred M. MacLean. – D: Bogart (Dobbs), Walter Huston (Howard), Tim Holt (Curtin), Bruce Bennett (Cody), Barton MacLane, Alfonso Bedoya, A. Soto Rangel, Manuel Donde, José Torvey, Margarito Luna, Jacqueline Dalya. – P: Warner Bros./First National. – Pd: Henry Blanke. – F: 35 mm, sw. – OL: 126 min. – DL: 125 min. – U: 7. 1. 48. – DE: 14. 6. 49. – TV: 12. 10. 67 (WDR III), 1. 1. 69/30. 10. 71 (ZDF). – V: Atlas Schmalfilm (16 mm). – *Von Tampico aus ziehen drei Amerikaner 1920 zur Goldsuche in die mexika-*

nischen Berge. Während sie beim Schürfen erfolgreich sind, entwickelt sich zwischen ihnen Mißtrauen und Haß. Ein vierter Mann stößt zu ihnen, wird aber kurze Zeit später von Banditen erschossen. Bei der Rückkehr entzweien sich die ehemaligen Partner völlig. Bogart spielt den Abenteurer Dobbs, der anfangs durch einen Lotteriegewinn den Kauf der Goldgräberausrüstung ermöglicht. Am Ende wird er kurz vor Erreichen der Stadt von Banditen überfallen. Seine Partner finden ihn tot und das Gold in alle Winde zerstreut.

1947 ALWAYS TOGETHER. – R: Frederick de Cordova. – B: Phoebe & Henry Ephron und I. A. L. Diamond. – D: Robert Hutton, Joyce Reynolds, Cecil Kellaway. – P: Warner Bros./First National. – F: 35 mm, sw. – OL: 78 min. – *Bogart hat – wie einige andere Warner-Stars – einen kurzen Film-im-Film-Auftritt und spielt darin einen ausgestoßenen Vater, dessen Tränen sich mit dem Regen auf einer Fensterscheibe vermischen.*

1948 KEY LARGO. Hafen des Lasters (dt. Kinotitel)/Gangster in Key Largo (dt. Fernsehtitel). – R: John Huston. – B: Richard Brooks, John Huston, nach dem Theaterstück von Maxwell Anderson. – K: Karl Freund. – Sch: Rudi Fehr. – M: Max Steiner. – Ba: Leo K. Kuter. – A: Fred M. MacLean. – D: Bogart (Frank McCloud), Edward G. Robinson (Johnny Rocco/Howard Brown), Lauren Bacall (Nora Temple), Lionel Barrymore (James Temple), Claire Trevor (Gaye Dawn), Thomas Gomez, Harry Lewis, John Rodney, Marc Lawrence, Dan Seymour. – P: Warner Bros./First National. – Pd: Jerry Wald. – F:

35 mm, sw. – OL und DL: 101 min. – U: 7. 7. 48. – DE: 6. 4. 50. – TV: 11. 5. 68/12. 4. 70 (WDR III), 6. 7. 70/9. 10. 71 (ZDF), 25. 5. 73 (BR III), 27. 3. 74 (S 3). – V: –. – *Der ehemalige Major McCloud (Bogart) kommt nach Key Largo, einer Halbinsel Floridas, um James und Nora Temple, den Vater und die Witwe eines gefallenen Kriegskameraden zu besuchen, die ein Hotel betreiben. Als Gäste findet er dort vier unsympathische Gesellen vor, die sich bald als Gangster entlarven (Boss: Robinson). Nachdem ihr Job erledigt ist (Übergabe von Falschgeld an Hehler) zwingen die Gangster McCloud, sie mit einem Boot in Sicherheit nach Kuba zurückzubringen. Es gelingt ihm unterwegs im dichten Nebel, die Gangster nach und nach zu töten. Im Hafen erwartet ihn Nora.*

1948 KNOCK ON ANY DOOR. Vor verschlossenen Türen. – R: Nicholas Ray. – B: Daniel Taradash, John Monks jr., nach dem Roman von Willard Motley. – K: Burnett Guffey. – Sch: Viola Lawrence. – M: George Antheil. – Ba: Robert Peterson. – A: William Kiernan. – D: Bogart (Andrew Morton), John Derek (Nick Romano), George Macready (Staatsanwalt Kerman), Allene Roberts (Emma), Susan Perry (Adele Morton), Mickey Knox, Barry Kelley, Cara Williams, Jimmy Conlin. – P: Santana für Columbia. – Pd: Robert Lord, Henry S. Kesler. – F: 35 mm, sw. – OL und DL: 100 min. – U: 21. 2. 49. – DE: 12. 11. 54. – TV: 22. 10. 66/14. 12. 68 (ARD). – V: –. – *Nick Romano, ein jugendlicher Rückfalltäter, ist angeklagt, einen Polizisten ermordet zu haben. Bogart spielt einen Rechtsanwalt, der die Verteidigung des jungen Mannes übernimmt, weil er aus eigener Erfahrung die Slums kennt, in denen die Romanos leben. Nick hatte ihm versichert, unschuldig zu sein. Vor Gericht rollt er Nicks Entwicklung auf und hält eine flammende*

Verteidigungsrede, in der er die sozialen Mißstände für die Kriminalität mitverantwortlich macht. Nick gesteht im Kreuzverhör den Mord und wird zum Tode verurteilt.

1949 TOKYO JOE. Tokio-Joe. – R: Stuart Heisler. – B: Cyril Hume, Bertram Millhauser, Walter Doniger, nach einer Story von Steve Fisher. – K: Charles Lawton jr. – Sch: Viola Lawrence. – M: George Antheil. – Ba: Robert Peterson. – A: James Crowe. – D: Bogart (Joe Barrett), Alexander Knox (Mark Landis), Florence Marly (Trina), Sessue Hayakawa (Baron Kimura), Jerome Courtland, Gordon Jones, Teru Shimada, Hedeo Mori, Charles Meredith. – P:

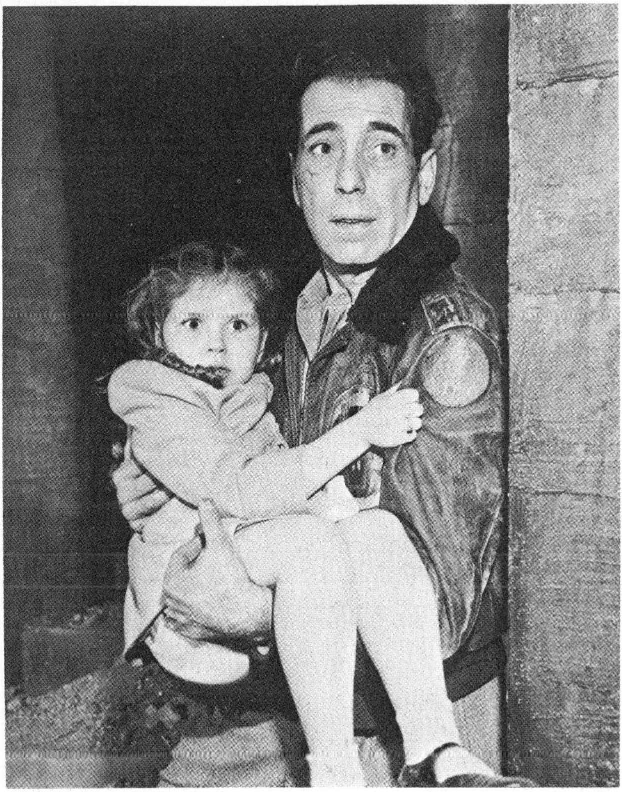

Santana für Columbia. – Pd: Robert Lord, Henry S. Kesler. – F: 35 mm, sw. – OL und DL: 88 min. – U: 11. 10. 49. – DE: 2. 1. 51. – V: . *Der amerikanische Flieger Barrett (Bogart) heiratet in Tokio vor dem Zweiten Weltkrieg eine Weißrussin (Marly), die er 1941 verlassen muß. Nach dem Krieg kehrt er nach Tokio zurück und erfährt, daß seine Frau inzwischen mit einem amerikanischen Rechtsanwalt (Knox) verheiratet ist. Bei dem Versuch, sie zurückzugewinnen, gerät Barrett in die Fänge der japanischen Unterwelt und stirbt schließlich bei einem Showdown in den Katakomben von Tokio.*

1949 CHAIN LIGHTNING. Des Teufels Pilot. – R: Stuart Heisler. – B: Liam O'Brien, Vincent Evans, nach einem Originalstoff von J. Redmond Prior. – K: Ernest Haller. – Sch: Thomas Reilly. – M: David Buttolph. – Ba: Leo K. Kuter. – A: William Wallace. – D: Bogart (Matt Brennan), Eleanor Parker (Jo Holloway), Raymond Massey (Leland

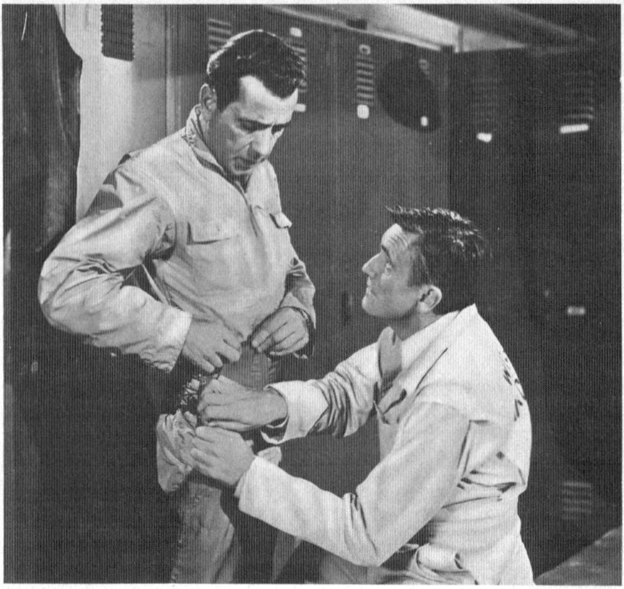

Willis), Richard Whorf (Carl Troxell), James Brown, Roy Roberts, Morris Ankrum, Fay Baker, Fred Sherman. – P: Warner Bros./First National. – Pd: Anthony Veiller. – F: 35 mm, sw. – OL: 94 min. – DL: 80 min. – U: 2. 2. 50. – DE: 13. 10. 50. – V: –. – *Bogart spielt einen Flugzeugpiloten. Im Zweiten Weltkrieg lernt er in Europa eine Rotkreuzschwester kennen und lieben. Sie verlieren sich aber aus den Augen. Nach dem Krieg trifft er, arbeitslos, sie als Sekretärin eines Großindustriellen wieder, der ein Flugzeugwerk aufbaut. Bogart wird Testpilot für Düsenflugzeuge und hat schließlich nach einigen Konflikten Erfolg in der Arbeit und in der Liebe.*

1950 IN A LONELY PLACE. Ein einsamer Ort. – R: Nicholas Ray. – B: Andrew Solt. Edmund H. North, nach dem Roman von Dorothy B. Hughes. – K: Burnett Guffey. – Sch: Viola Lawrence. – M: George Antheil. – Ba: Robert Peterson. – A: William Kiernan. – D: Bogart (Dixon Steele), Gloria Grahame (Laurel Gray), Frank Lovejoy (Brub Nicolai), Carl Benton Reid (Capt. Lochner), Art Smith (Mel Lippman), Jeff Donnell, Martha Stewart, Robert Warwick, Morris Ankrum, William Ching. – P: Santana für Columbia. – Pd: Robert Lord. – F: 35 mm, sw. – OL: 94 min. – U: 15. 5. 50. – TV: 31. 10. 70/16. 11. 74 (WDR III), 2. 1. 74 (HR III). – In der Bundesrepublik nicht verliehen. – *Bogart spielt einen Drehbuchautor in Hollywood. Er verliebt sich in die Bewohnerin seines Nachbarappartements (Grahame), die ihn bei einem Mordfall durch ein Alibi entlasten kann. Angesichts seines völlig unkontrollierten Temperaments wachsen in ihr die Zweifel an seiner Unschuld. Ihre Beziehung zerbricht in dem Augenblick, als sich Bogarts Unschuld wirklich herausstellt.*

1950 THE ENFORCER. Der Tiger. – R: Bretaigne Windust. – B: Martin Rackin. – K: Robert Burks. – Sch: Fred Allen. – M: David Buttolph. – Ba: Charles H. Clarke. – A: William Kuehl. – D: Bogart (Martin Ferguson), Zero Mostel (»Big Babe« Lazich), Ted de Corsia (Joseph Rico), Everett Sloane (Albert Mendoza), Roy Roberts (Capt. Nelson), Lawrence Tolan, King Donovan, Bob Steele. – P: United States Pictures für Warner Bros. – Pd: Milton Sperling. – F: 35 mm, sw. – OL: 87 min. – DL: 85 min. – U: 24. 2. 51. – DE: 9. 11. 51. – TV: 5. 10. 70 (ZDF). – V: –. – *Bogart spielt einen Staatsanwalt, der den Chef eines Mördersyndikats (Sloane) vor Gericht bringen will. Ein Kronzeuge wird umgebracht. Durch seinen Spürsinn gelingt es dem Staatsanwalt, dem Gangsterboss einen Mord nachzuweisen.*

1951 SIROCCO. Sirocco – zwischen Kairo und Damaskus. – R: Curtis Bernhardt. – B: A. I. Bezzerides, Hans Jacoby, nach dem Roman *Coup de grâce* von Joseph Kessel. – K: Burnett Guffey. – Sch: Viola Lawrence. – M: George Antheil. – Ba: Robert Peterson. – A: Robert Priestley. – D: Bogart (Harry Smith), Marta Toren (Violette), Lee J. Cobb (Col. Feroud), Everett Sloane (General La Salle), Gerald Mohr (Major Leon), Zero Mostel, Nick Dennis, Ludwig Donath. – P: Santana für Columbia. – Pd: Robert Lord, Henry S. Kesler. – F: 35 mm, sw. – OL und DL: 98 min. – U: 12. 6. 51. – DE: 16. 1. 53. – V: –. – *1925 spitzen sich in Damaskus die Auseinandersetzungen zwischen syrischen Patrioten und der französischen Mandatsmacht zu. Bogart spielt einen Waffenhändler, der durch seine Geschäfte und durch eine Liebesgeschichte zwischen die feindlichen Linien gerät. Während Syrer und Franzosen einen Waffenstillstand schließen, stirbt Bogart durch eine Handgranate.*

1951 THE AFRICAN QUEEN. African Queen. – R: John Huston. – B: James Agee, John Huston, nach dem Roman von C. S. Forester. – K: Jack Cardiff. – Sch: Ralph Kemplen. – M: Alan Gray. – Ba: Wilfred Shingleton. – Ko: Doris Langley Moore, Connie De Pinna. – Regieassistenz: Guy Hamilton. – D: Bogart (Charlie), Katharine Hepburn (Rose Sayer), Robert Morley (Rev. Samuel Sayer), Peter Bull. – P: Horizon-Romulus für United Artists. – Pd: S. P. Eagle (d. i. Sam Spiegel). – F: 35 mm, Farbe (Technicolor). – OL: 105 min. – DL: 101 min. – U: 26. 12. 51. – DE: 19. 8. 58. – TV: 5. 8. 67/2. 5. 69 (WDR III), 18. 6. 69/25. 9. 70 (BR III), 5. 9. 73 (HR III), 7. 11. 73 (BR III), 1. 1. 75 (HR III/WDR III/NDR III). – V: Neue Filmkunst Walter Kirchner (35 mm). – *Die »African Queen« ist eine schäbige Barkasse, die von*

dem meist betrunkenen Kanadier Charlie Allnut (Bogart) durch die Flüsse Zentralafrikas geschippert wird. Der Erste Weltkrieg bricht aus. Eine deutsche Strafexpedition zerstört eine englische Missionsstation, der Missionar wird darüber wahnsinnig und stirbt. Seine Schwester Rose, eine altjüngferliche Methodistin (Hepburn), rettet sich auf die »African Queen«. Charlie und Rose versuchen, mit dem Schiff die englischen Linien zu erreichen. Zwischen den beiden entwickelt sich, nach anfänglicher Feindschaft, eine starke Beziehung. Am Ende einer langen und abenteuerlichen Fahrt rüstet Bogart die Barkasse mit Torpedos aus, um damit ein deutsches Schiff zu versenken. Als die »African Queen« jedoch kentert, werden die beiden Schiffbrüchigen von den Deutschen aufgegrif-

fen und als Spione zum Tode verurteilt. Sie lassen sich vor der Vollstreckung vom deutschen Kapitän trauen. Da rammt der deutsche Dampfer das explosive Wrack der »African Queen« und fliegt in die Luft. Charlie und Rose erreichen das rettende Ufer. – Bogart erhielt für seine Darstellung den »Oscar« als bester Hauptdarsteller 1951.

1951 DEADLINE U.S.A. Die Maske runter. – R und B: Richard Brooks. – K: Milton Krasner. – Sch: William B. Murphy. – M: Cyril Mockridge, Sol Kaplan. – Ba: Lyle Wheeler, George Patrick. – D: Bogart (Ed Hutchinson), Ethel Barrymore (Mrs. Garrison), Kim Hunter (Nora), Ed Begley (Frank Allen), Warren Stevens (George Burrows), Martin Gabel (Thomas Rienzi), Paul Stewart, Joe De Santis, Joyce MacKenzie, Fay Baker, Jim Backus. – P: 20th Fox. – Pd: Sol C. Siegel. – F: 35 mm, sw. – OL: 87 min. – DL: 86 min. – U: 18. 3. 52. – DE: 24. 11. 52. – TV: 30. 9. 67 (ARD), 8. 2. 70 (WDR III). – V: –. – *Die Zeitung »The Day« soll an einen Konkurrenzverlag verkauft werden. Gerade in dieser Zeit sind Reporter des Blattes den Machenschaften eines Gangsterbosses auf der Spur. Bogart spielt den Chefredakteur der Zeitung, der sich an der Aufklärung zweier Morde beteiligt und dafür sorgt, daß die damit zusammenhängende politische Korruption in der letzten Ausgabe seines Blattes veröffentlicht wird.*

1952 US. Savings Bonds Trailer. – *Bogart stellt die E-Serie einer amerikanischen Staatsanleihe in einem speziellen Trailer vor, der von MGM produziert und mit einer Wochenschau im Juli 52 verbunden wurde.*

1952 BATTLE CIRCUS. Arzt im Zwielicht. – R und B: Richard Brooks, nach einem Originalstoff von Allen Rivkin und Laura Kerr. – K: John Alton. – Sch: George Boemler. – M: Lennie Hayton. – Ba:

Cedric Gibbons, James Basevi. – A: Edwin B. Willis, Alfred E. Spencer. – D: Bogart (Major Jed Webbe), June Allyson (Lt. Ruth McCara), Keenan Wynn (Sgt. Orvil Statt), Robert Keith (Lt. Col. Hillary Whalters), William Campbell, Perry Sheehan, Patricia Tiernan, Jonathan Cott. – P: Metro-Goldwyn-Mayer. – Pd: Pandro S. Berman. – F: 35 mm, sw. – OL: 90 min. – DL: 88 min. – U: 6. 2. 53. – DE: 30. 10. 53. – TV: 28. 9. 68 (ZDF). – V: –.– *Bogart spielt einen Militärarzt in einem Feldlazarett während des Koreakriegs. Dort trifft er auf eine mutige Krankenschwester (Allyson). Der Film schildert die schwierige Arbeit im Lazarett und die wechselhafte Liebesgeschichte zwischen Arzt und Schwester, die nach dem Krieg happy endet.*

1953 BEAT THE DEVIL. Schach dem Teufel. – R: John Huston. – B: John Huston, Truman Capote, nach dem Roman von James Helvick. – K: Oswald Morris. – Sch: Ralph Kemplen. – M: Franco Mannino. – Ba: Wilfred Shingleton. – D: Bogart (Billy Dannreuther), Jennifer Jones (Gwendolen Chelm), Gina Lollobrigida (Maria Dannreuther), Robert Morley (Petersen), Peter Lorre (O'Hara), Edward Underdown (Harry Chelm), Ivor Barnard, Bernard Lee, Marco Tulli, Mario Perroni, Alex Pochet. – P: Santana-Romulus für United Artists. – Bt. Pd: Jack Clayton. – F: 35 mm, sw. – OL: 93 min. – DL: 90 min. – U: 3. 3. 54. – DE: 30. 11. 54. – V: –. – *Ein abenteuerlustiges Ehepaar (Bogart/Lollobrigida) und vier Gangster warten in einem italienischen Hafen auf die Abfahrt eines Dampfers nach Afrika, wo sie uranhaltiges Land suchen wollen. Zu ihnen stößt ein weiteres Ehepaar (Jones/Underdown), das zu seiner Kaffeeplantage fahren will. Noch in Italien gibt es Diebstähle, Bestechungen, einen Autounfall und amouröse Verstrickungen (z.B. zwischen Bogart und Jennifer Jones). Auf dem Schiff folgen Intrigen und Mordanschläge. Das Schiff explodiert, die Passagiere werden gerettet, geraten in arabische Gefangenschaft und werden wieder befreit. Die vier Gangster werden schließlich verhaftet, der Plantagenbesitzer findet uranhaltiges Land und das abenteuerlustige Ehepaar bleibt allein zurück.*

1954 THE CAINE MUTINY. Die Caine war ihr Schicksal. – R: Edward Dmytryk. – B: Stanley Roberts, Michael Blankfort (Dialoge), nach dem Roman von Herman Wouk. – K: Franz Planer. – Sch: William Lyon, Henry Batista. – M: Max Steiner. – Ba: Cary Odell. – A: Frank Tuttle. – D: Bogart (Capt. Philip Francis Queeg), José Ferrer (Lt. Greenwald), Van Johnson (Lt. Maryk), Fred MacMurray (Lt. Keefer), Robert Francis (Keith), May Wynn, Tom Tully, E. G. Marshall, Arthur Franz, Lee Marvin, Warner Anderson. – P: Stanley Kramer Comp. für Columbia. – F: 35 mm, Farbe (Technicolor). – OL und DL: 125 min. – U: 9. 6. 54. – DE: 10. 9. 54. – TV: 2. 4. 70/1. 7. 72 (ARD). – V: Warner-Columbia (16 und 35 mm). – *1943 übernimmt Kapitänleutnant Queeg (Bogart) das Kommando auf der Caine, einem verwahrlosten Minensucher. Er macht sich bei der Mannschaft unbe-*

liebt, weil er kleinlich auf die Einhaltung der Vorschriften achtet. Merkwürdige Zwischenfälle auf dem Schiff, hysterische Ausbrüche des Kapitäns und sein nervöses Spiel mit kleinen Stahlkugeln lassen den Verdacht aufkommen, Queeg sei paranoid. Während eines Taifuns reißen die Offiziere Maryk und Keith das Kommando an sich. Sie müssen sich dafür vor dem Kriegsgericht verantworten. Ihr Verteidiger Greenwald erreicht durch geschickte Fragen, daß Queeg zusammenbricht. Bei der Siegesfeier der Offiziere gibt Greenwald seine Verachtung für ihr Verhalten zu erkennen.

1954 SABRINA. Sabrina. – R: Billy Wilder. – B: Billy Wilder, Samuel Taylor, Ernest Lehman, nach dem Theaterstück *Sabrina Fair* von Taylor. – K: Charles Lang jr. – Sch: Arthur Schmidt. – M: Friedrich Holländer. – Ba: Hal Pereira, Walter Tyler. – A: Sam Comer, Ray Moyer. – Ko: Edith Head. – D: Audrey Hepburn (Sabrina Fairchild), Bogart (Linus Larrabee), William Holden (David Larrabee), Walter Hampden (Oliver Larrabee), John Williams (Thomas Fairchild), Martha Hyer (Elizabeth Tyson), Joan Vohs, Marcel Dalio, Marcel Hillaire, Nella Walker, Francis X. Bushman, Ellen Corby. – P: Paramount. – Pd: Billy Wilder. – F: 35 mm, sw. – OL und DL: 113 min. – U: 2. 8. 54. – DE: 16. 11. 54. – TV: 25. 12. 66 (ZDF). – V: Cinema International (16 und 35 mm). – *Sabrina ist die Tochter eines Chauffeurs, der seit 25 Jahren in den Diensten der Millionärsfamilie Larrabee steht. Sie verliebt sich in David, einen der beiden Larrabee-Söhne (Holden), der auch – nachdem sie sich in Paris zu einer Dame entwickelt hat – ihre Zuneigung erwidert. Bogart spielt den älteren, nur die geschäftlichen Interessen der Familie verfolgenden Larrabee-Sohn Linus, der durch eine Intrige die Beziehung zwischen Sabrina und seinem Bruder zerstören will. Dabei verliebt er sich selbst in Sabrina und gewinnt sie für sich.*

1954 THE BAREFOOT CONTESSA. Die barfüßige Gräfin. – R und B: Joseph L. Mankiewicz. – K: Jack Cardiff. – Sch: William Hornbeck. – M: Mario Nascimbene. – Ba: Arrigo Equini. – Ko: Fontana. – D: Bogart (Harry Dawes), Ava Gardner (Maria), Edmond O'Brien (Oscar Muldoon), Marius Goring (Bravano), Valentina Cortesa (Eleanora), Rossano Brazzi (Vincenzo), Elizabeth Sellars, Warren Stevens, Franco Interlenghi, Mari Aldon, Bessie Love. – P: Figaro für United Artists. – F: 35 mm, Farbe (Technicolor). – OL und DL: 128 min. – U: 27. 9. 54. – DE: 7. 4. 55. – TV: 9. 9. 68 (ZDF). – V: Atlas Schmalfilm (16 mm). – *Am Grab der Gräfin Maria Torlato-Favrini (Gardner), die noch vor drei Jahren eine unbekannte Tänzerin war, erinnert sich der Filmregisseur Harry Dawes (Bogart), wie er Maria in Madrid entdeckt und ihr in Amerika zur Karriere als Filmstar verholfen hat. Nach verschiedenen Affären heiratet Maria einen impotenten italienischen Grafen (Brazzi) und wird von ihm wegen Untreue erschossen.*

1954/55 WE'RE NO ANGELS. Wir sind keine Engel. – R: Michael Curtiz. – B: Ranald MacDougall, nach dem Theaterstück *La Cuisine des Anges* von Albert Husson. – K: Loyal Griggs. – Sch: Arthur Schmidt. – M: Friedrich Holländer. – Ba: Hal Pereira, Roland Anderson. – A: Sam Comer, Grace Gregory. – Ko: Mary Grant. – D: Bogart (Joseph), Aldo Ray (Albert), Peter Ustinov (Jules), Joan Bennett (Amélie Ducotel), Basil Rathbone (André Trochard), Leo G. Carroll (Felix Ducotel), Gloria Talbott (Isabelle Ducotel), John Baer (Paul Trochard), Lea Penman, John Smith. –P: Paramount. – Pd: Pat Duggan. – F: 35 mm, Farbe (Technicolor), VistaVision. – OL und DL: 103 min. – U: 13. 6. 55. – DE: 25. 11. 55. – TV: 21. 12. 73/11. 10. 75 (ARD). – V: Cinema International (16 mm). – *Am Heiligen Abend 1895 fliehen drei Sträflinge (Bogart, Ray, Ustinov) aus dem berüchtigten Gefängnis der Teufelsinseln und suchen Unterschlupf in einem Krämerladen am Ort. Dort machen sie sich nützlich, organisieren ein schönes Weihnachtsfest, helfen bei der doppelten Buchführung und schützen die Kaufmannsfamilie vor der bösen Verwandtschaft. Dabei unterstützt sie ihr kleiner Freund Adolf, eine Giftschlange. Am Ende kehren die drei Ausbrecher freiwillig ins Gefängnis zurück.*

1955 THE DESPERATE HOURS. An einem Tag wie jeder andere. – R: William Wyler. – B: Joseph Hayes, nach seinem Roman und Theaterstück. – K: Lee Garmes. – Sch: Robert Swink. – M: Gail Kubik. – Ba: Hal Pereira, Joseph MacMillan Johnson. – A: Sam Comer, Grace Gregory. – Ko: Edith Head. – D: Bogart (Glenn Griffin), Fredric March (Dan Hilliard), Arthur Kennedy (Jesse Bard), Martha Scott (Eleanor Hilliard), Dewey Martin (Hal Griffin), Gig Young (Cuck), Mary Murphy (Cindie Hilliard), Richard Eyer (Ralphie), Robert Middleton (Sam Kobish), Alan Reed, Bert Freed, Ray Collins, Whit Bissell, Ray Teal. – P: Paramount. – Pd. William Wyler; bt. Pd: Robert Wyler – F: 35 mm, sw, VistaVision. – OL und DL: 112 min. – U: 14. 9. 55. – DE: 2. 3. 56. – TV: 17. 2. 72/3. 9. 73 (ZDF). – V: Cinema International (16 und 35 mm). *Die Hilliards, eine mittelständische Familie mit zwei Kindern, wohnen am Rande einer amerikanischen Großstadt. In ihr Haus dringen drei ausgebrochene Schwerverbrecher ein und zerstören die familiäre Idylle. Bogart spielt den Anführer der drei Verbrecher und wird am Ende von der Polizei erschossen.*

1955 THE LEFT HAND OF GOD. Die linke Hand Gottes. – R: Edward Dmytryk. – B: Alfred Hayes, nach dem Roman von William E. Barrett. – K: Franz Planer. – Sch: Dorothy Spencer. – M: Victor Young. – Ba: Lyle Wheeler, Maurice Ransford. – A: Walter M. Scott, Frank Wade. – Ko: Travilla. – D: Bogart (Jim Carmody), Gene Tierney (Ann Scott), Lee J. Cobb (Mieh Yang), Agnes Moorehead (Beryl Sigman), E. G. Marshall (Dr. David Sigman), Jean Porter (Mary Yin),

Carl Benton Reid (Rev. Cornelius), Victor Sen Yung, Philip Ahn, Benson Fong, Richard Cutting. – P: 20th Century Fox. – Pd: Buddy Adler. – F: 35 mm, Farbe (DeLuxe), CinemaScope. – OL und DL: 87 min. – U: 25. 8. 55. – DE: 14. 11. 55. – TV: 25. 12. 71/29. 3. 75 (ARD). – V: Fox-MGM (16 und 35 mm). – *1944 werden in abgelegenen Teilen Chinas Privatkriege geführt. Bogart spielt einen amerikanischen Flieger, der nach einer Notlandung von einem chinesischen General (Cobb) gefangengenommen wird. Er flieht im Gewand eines Priesters in eine Missionsstation, ist dort erfolgreich als Kirchendiener und verliebt sich in eine Krankenschwester (Tierney). Gegen den General, der ihn verfolgt, gewinnt er im Würfelspiel und bewahrt dadurch die Station vor der Verwüstung. Die Kirche verzeiht ihm die Amtsanmaßung.*

1955/56 THE HARDER THEY FALL. Schmutziger Lorbeer. – R: Mark Robson. – B: Philip Yordan, nach dem Roman von Budd Schulberg. – K: Burnett Guffey. – Sch: Jerome Thomas. – M: Hugo Friedhofer. – Ba: William Flannery. – A: William Kiernan, Alfred E. Spencer. – D: Bogart (Eddie Willis), Rod Steiger (Nick Benko), Jan Sterling (Beth Willis), Mike Lane (Toro Moreno), Max Baer (Buddy Brannen), Jersey Joe Walcott (George), Edward Andrews (Jim), Harold J. Stone, Carlos Montalban, Nehemiah Persoff, Felice Orlandi, Herbie Faye. – P: Columbia. – Pd: Philip Yordan. – F: 35 mm, sw. – OL und DL: 109 min. – U: 28. 3. 56. – DE: 24. 7. 56. – TV: 1. 2. 65 (ARD). – V: Warner-Columbia (35 mm). – *Bogart spielt einen ehemaligen Sportjournalisten, der als Promoter des gutmütigen, aber talentlosen*

Boxers Toro Moreno in die Fänge eines verbrecherischen Boxmanagements gerät. Moreno erringt mehrere Scheinsiege über gekaufte Gegner, verletzt einen Boxer im Ring tödlich und wird nach einer Niederlage in einem aussichtslosen Kampf von Bogart in seine südamerikanische Heimat zurückgeschickt, bevor Toro an einen anderen Manager verkauft werden kann. Dabei verliert Bogart sein eigenes Honorar, das er Toro schenkt, aber er beginnt damit, eine Artikelserie gegen den Boxkommerz in den USA zu schreiben. Die letzte Einstellung zeigt ihn an der Schreibmaschine.

Bibliografie

Die Bibliografie enthält Angaben zu den wichtigsten Veröffentlichungen über Humphrey Bogart: zu Büchern, zu Aufsätzen/Artikeln und zur Behandlung Bogarts in Darstellungen zur US-Filmgeschichte und zum Starkult. Die bibliografischen Angaben sind zunächst in drei Sprachbereiche eingeteilt: englisch, französisch und deutsch. Innerhalb der Sprachen sind die Texte chronologisch nach dem Erscheinungsdatum geordnet. Quellen: Mel Schuster: Motion Picture Performers: A Bibliography of Magazine and Periodical Articles, 1900–1969 (dort finden sich auch ausführlichere Hinweise auf amerikanische Illustrierten-Artikel). Metuchen, N. J.: Scarecrow Press 1971. – George Rehrauer: Cinema Booklist. Metuchen, N. J.: Scarecrow Press 1972; Supplement One: 1974. – Linda Batty: Retrospective Index to Film Periodicals 1930–1971. New York-London: Bowker 1975.
Hilfeleistung: Bibliothek der Deutschen Film- und Fernsehakademie Berlin; British Film Institute (London).

Bücher

Clifford McCarty: Bogey. The Films of Humphrey Bogart. New York: Citadel Press 1965. (Die gründlichste und am reichsten bebilderte Materialsammlung zu Bogarts Filmen. Auch filmografisch sehr zuverlässig).
Paul Michael: Humphrey Bogart. The Man and His Films. Indianapolis, Kansas City, New York: Bobbs-Merrill Comp. 1965. (Nach einem kurzen biografischen Abriß wird jeder Bogart-Film durch eine längere Inhaltsangabe und 1–2 Fotos vorgestellt. Mager in der Filmografie).
Richard Gehman: Bogart. Greenwich, Conn.: Fawcett 1965. (Wahllos zusammengefügtes Material, das zum größten Teil aus der Recherche für eine Time-Story stammt).
Ezra Goodman: Bogey: The Good-Bad Guy. New York: Lyle Stuart

1965. (Oberflächlicher biografischer Report, selbstgefällig formuliert, mit vielen Nebensächlichkeiten angefüllt).
Jonathan Hill und Jonah Ruddy: Bogart: The Man and the Legend. London: Mayflower 1966. (Materialreiche, mit vielen Zitaten geschmückte Darstellung des Bogart-Lebens).
Joe Hyams: Bogie. The Biography of Humphrey Bogart. New York: The New American Library 1966. Als Taschenbuch: Signet Book T 3071. (Aus intimer Kenntnis Bogarts geschriebene Biografie. Mit einem Vorwort von Lauren Bacall).
o.V.: Bogart's Face. Los Angeles: Stanyan Books/New York: Random House 1970. (Ca. 50 Porträtfotos, ohne Text).
Alan G. Barbour: Humphrey Bogart. New York: Pyramid 1973. (Darstellung der Karriere mit kritischen Anmerkungen zu den Filmen).
Allen Eyles: Bogart. London: Macmillan 1975. (Chronologische, kritisch bewertende Darstellung von Bogarts Leben und Werk mit vielen, teilweise farbigen Fotos).
Joe Hyams: Bogart & Bacall. New York: McKay 1975. (Anekdotensammlung. Untertitel: »A Love Story.« Gute Privatfotos).
Nathaniel Benchley: Humphrey Bogart. Boston-Toronto: Little, Brown and Comp. 1975. (Behandelt vor allem die privaten Aspekte in Bogarts Leben, mit zum Teil guten und seltenen Fotos).
Gaston Bounoure: Humphrey Bogart. Lyon: Serdoc 1962. Premier Plan Bd. 20. (Behandelt, aus verehrender Sicht, Bogart im Zusammenhang mit seinen Filmen).
Bernard Eisenschitz: Humphrey Bogart. Paris: Le Terrain Vague 1967. (Enthält u.a. Aufsätze von Roger Tailleur und Gérard Legrand, die französische Übersetzung des Aufsatzes von Bogdanovich, eine Biographie, Statements von Schauspielern, Regisseuren und Autoren, sowie eine kommentierte Filmografie und die Zusammenstellung seiner Theaterrollen. Ein sachkundiges und zuverlässiges Buch).
Roger Viry-Babel: Humphrey Bogart 1899–1957. Paris: Avant-Scène du Cinéma 1973. Anthologie du Cinéma 74. (Summarische, chronologische Darstellung, schlechte Fotos).

Aufsätze/Artikel

George Frazier: Humphrey Bogart, He Has A Hard Unhappy Face And A Hard But Happy Life. in: Life, 14. 4. 44. – Cameron Shipp: The Adventures of Humphrey Bogart. in: Saturday Evening Post, 2. 8. 52. – o.V. (Ezra Goodman): The Survivor. in: Time, 7. 6. 54. – Peter Barnes: Gunman No. 1. in: Films and Filming, Sept. 55. – William Atwood: Bogart on Hollywood. in: Look, 21. 8. 56. – o.V.: Eulogy For A Tough Guy. in: Life, 28. 1. 57. – Clifford McCarty: Humphrey Bogart 1899–1957. in: Films in Review, Mai 57. – Mary Astor: Bogie Was

Real. in: The New York Times, 5. 5. 67. – Peter Bogdanovich: Bogie in Excelsis. in: Esquire, Sept. 64 (nachgedruckt in: P. B.: Pieces of Time. New York: Arbor House 1973). – Robert Towne: Bogart and Belmondo. in: Cinema (Beverly Hills), Dez. 65. – Kenneth Tynan: The Man and the Myth/Bosley Crowther: The Career and the Cult. in: Playboy, Juni 66 (Tynans Artikel nachgedruckt in: K. T.: Right & Left. London: Longmans 1967). – Louise Brooks: Humphrey & Bogey. in: Sight and Sound, Winter 66–67 (franz. in: Positif, Feb. 67). – Truman Capote: Humphrey Bogart. in: T. C.: The Dogs Park. New York: Random House 1973 (dt. in: T. C.: Wenn die Hunde bellen. Wiesbaden: Limes 1974).

Jacques Demeure: La fin d'un croquemitaine. Positif, Juli-Aug. 52. – Robert Lachenay: Portrait d'Humphrey Bogart. in: Cahiers du Cinéma, Nov. 55. – André Bazin: Mort d'Humphrey Bogart. in: Cahiers du Cinéma, Feb. 57 (nachgedruckt in: A. B.: Qu'est-ce que le cinéma? Bd. 3. Paris: Cerf 1961). – John Huston: Humphrey Bogart est mort lundi matin. in: Positif, Feb. 57. – François Truffaut: Portrait d'Humphrey Bogart (1958). in: F. T.: Les films de ma vie. Paris: Flammarion 1975, S. 308–312. – Claude Beylie: Le masque et le visage. in: Ecran (Paris), April 73.

Ulrich Gregor: Im Lichte eines ungewissen Morgens. in: Filmforum (Emsdetten), Juli 57. – H. Joachim Maître: Ein Einzelgänger, ein Meuterer. in: Die Welt, 20. 11. 65. – Franz Schöler: Keiner starb wie Humphrey Bogart. in: Neue Züricher Zeitung, 26. 11. 66. – Franz Schöler: Er starb für uns. in: Film (Velber), Dez. 66. – Hans Winge: Die neue Bogart-Legende. in: Neue Zürcher Zeitung, 13. 1. 67. – Franz Schöler: Der Mann der immer sterben mußte. in: Die Welt, 4. 2. 67. – Barbara Bernauer: Überprüfung eines Mythos. in: Frankfurter Rundschau, 23. 2. 67. – Helmut Schmerber: Mythos als Hindernis. in: FAZ, 1. 3. 67. – Wolfram Knorr: Im Scheitern groß. in: Die Weltwoche, 7. 8. 74. – Ingeborg Byhan: So sind sie gestorben. Der erschütternde Bericht über die letzten Stunden von Frauen und Männern, die wir alle kennen. Heute: Humphrey Bogart, König von Hollywood. in: Bild-Zeitung, 28. 10. 74. – Yaak Karsunke: Humphrey Bogart. in: Konkret, Nov. 75.

Bogart in Darstellungen zur US-Filmgeschichte und zum Starkult

Parker Tyler: The Hollywood Hallucination. New York: Creative Age Press 1944 (darin ein Kapitel: The Good Villain and the Bad Hero). Als Paperback: New York: Simon and Schuster 1970. – George Frazier: The One with the Moustache is Costello. New York: Random House 1947. – Ezra Goodman: The Fifty Year Decline and Fall of Hollywood. New York: Simon and Schuster 1961. Als Taschenbuch: Macfadden 1962, Nr. 75–103. – Jack L. Warner: My First Hundred Years in

Hollywood. New York: Random House 1964. – John Baxter: Hollywood in the Thirties. London: A. Zwemmer/New York: A. S. Barnes & Co. 1968. – Charles Higham und Joel Greenberg: Hollywood in the Forties. London: A. Zwemmer/New York: A. S. Barnes & Co. 1968. – Richard Griffith: The Movie Stars. Garden City, New York: Doubleday and Comp. 1970 (S. 264–276: H. B.). – Ted Sennett: Warner Brothers Presents. New Rochelle, N. Y.: Arlington House 1971. – Lawrence Alloway: Violent America: The Movies 1946–1964. New York: The Museum of Modern Art 1971. – John Gabree: Gangsters. From Little Caesar to The Godfather. New York: Pyramid 1973. – Stephen Louis Karpf: The Gangster Film: Emergence, Variation and Decay of a Genre 1930–1940. New York: Arno Press 1973 (Dissertations on Film Series). – Charles Higham: The Art of the American Film. Garden City, New York: Anchor Press/Doubleday 1973. Als Paperback dort 1974. – James Robert Parish: Hollywood's Great Love Teams. New Rochelle, N. Y.: Arlington House 1974 (S. 646–668: Bogart–Bacall). – Michael Wood: America in the Movies or »Santa Maria, It Had Slipped My Mind«. London: Secker & Warburg 1975. – Ian Cameron: A Pictorial History of Crime Films. London, New York, Sidney, Toronto: Hamlyn 1975.

Raymond de Becker: De Tom Mix à James Dean. Paris: Arthème Fayard 1959. – Henri Agel: Romance américaine. Paris: Cerf 1963. Coll. 7e Art 35 (S. 161–173: Un héros de notre temps/Humphrey Bogart).

Enno Patalas: Sozialgeschichte der Stars. Hamburg: Marion von Schröder 1963. Auch als Fischer-Taschenbuch 818. – Ulrich Gregor (Red.): Der amerikanische Film 1930–1939. Eine Dokumentation. Bad Ems: Verband der deutschen Filmclubs e.V. 1968.

Verschiedenen Arbeiten dieses Bandes liegt eine mehrtägige Sichtveranstaltung mit 30 Humphrey-Bogart-Filmen zugrunde, die mit Unterstützung des Frankfurter Kommunalen Kinos und des Frankfurter Kulturdezernats (Hilmar Hoffmann) im September 1975 vorwiegend in den Räumen des KK stattfand. Für die besonders schwierige Bereitstellung der Kopien danken wir der Beta-Film, München, dem WDR, Janus Film und Fernsehen, Frankfurt; vor allem aber auch den Verleihen Atlas, CIC, United Artists, Warner-Columbia, ohne deren freundliche Hilfe und Verständnis die Sichtveranstaltung nicht zustande gekommen wäre. Für Bilder und andere Hilfeleistungen danken wir den in der Filmografie aufgeführten Produktionsfirmen und dem BFI.